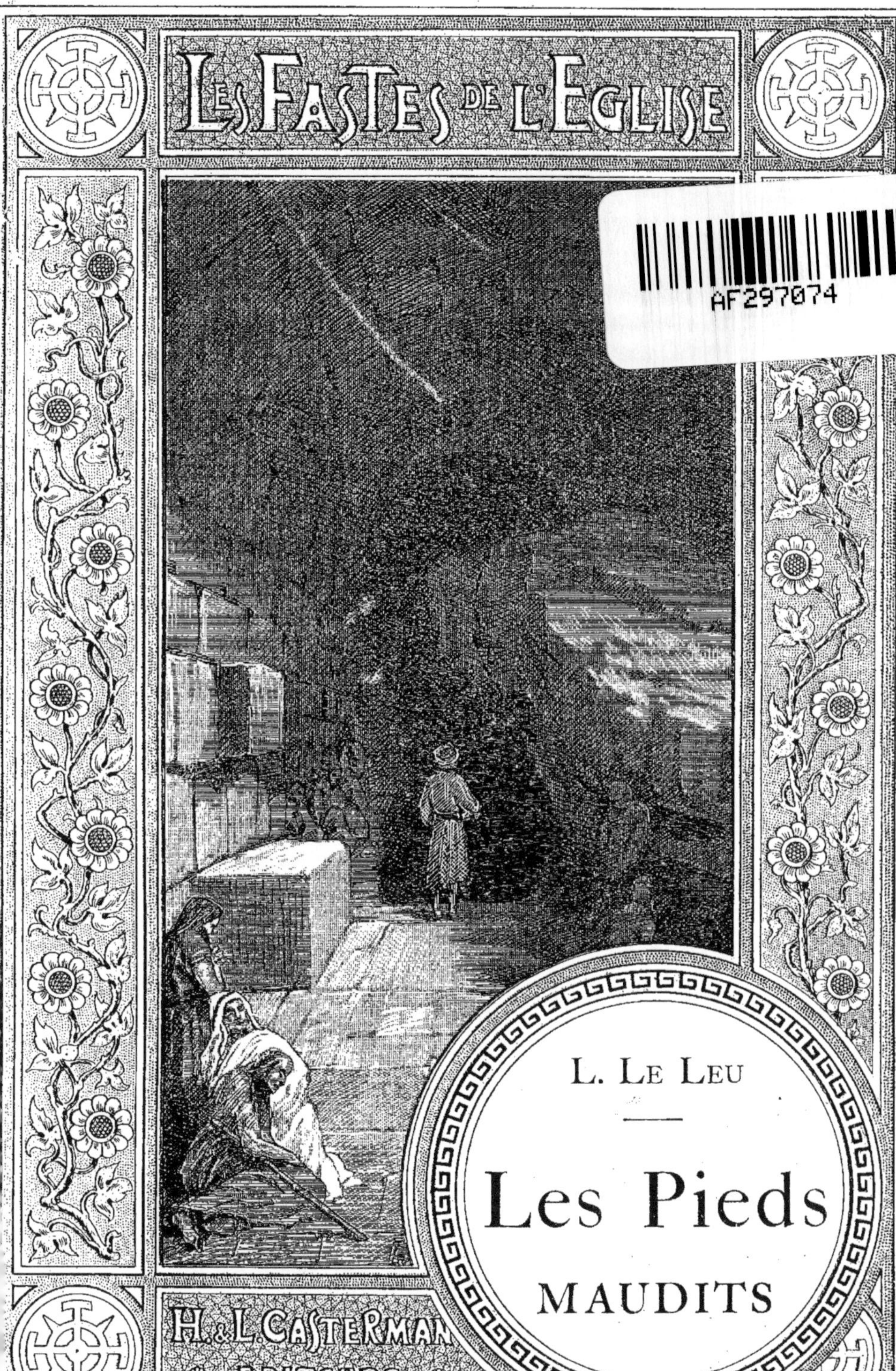
LES FASTES DE L'EGLISE
L. LE LEU
Les Pieds
MAUDITS
H. & L. CASTERMAN
EDITEURS

LES

PIEDS MAUDITS

N° 6 des Fastes de l'Eglise

La piscine de Siloé sur les bords de laquelle de nombreux malades
attendaient, pour s'y plonger,
que l'Ange du Seigneur en agitât les eaux. (P. 8.)

LES PIEDS
MAUDITS

PAR

L. Le Leu

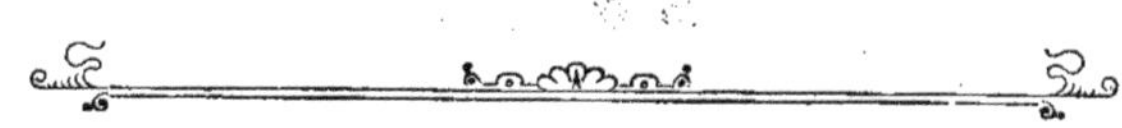

H. & L. CASTERMAN
ÉDITEURS PONTIFICAUX
Paris, Rue Bonaparte, 66 — Tournai (Belgique)

SOMMAIRE HISTORIQUE DU VOLUME

Accomplissement de la prédiction de Notre-Seigneur Jésus-Christ sur Jérusalem.
— Les chrétiens se retirent à Pella. — Prodiges effrayants dans le Ciel et dans le
Temple. — Jésus, fils d'Ananus, annonce, sans se lasser, la ruine de Jérusalem. —
Gabba, Vitellius, Othon, se succèdent comme Empereurs, en peu de temps (68-69.)
— Vespasien est proclamé Empereur par son armée; Titus est salué Imperator, peu
de temps après, par ses soldats (70-71.) — Missions apostoliques dans le monde
entier. — Les Evêques, sur les grands sièges. — Révoltes incessantes des Juifs et
factions adverses dans Jérusalem. — Ces factions, selon la prophétie, déchaînent la
guerre. — Siège de Jérusalem. — Désespoir héroïque des Juifs. — Ruine de la ville
et du Temple. — Dispersion définitive des Juifs. — (An 70-71 de notre ère.)

LES

PIEDS MAUDITS

PREMIÈRE PARTIE

L'APPROCHE DE L'ORAGE

I

LE COUCHER DU SOLEIL.

Les portes du Temple roulèrent sur leurs gonds énormes et les échos des portiques répercutèrent le bruit sourd des lourds vantaux de cèdre battant les chambranles massifs.

Seul, à cette heure, le feu sacré allait veiller sur l'autel des holocaustes en compagnie des sept lampes du chandelier d'or, devant le tabernacle de Jéhovah-Elohim, jusqu'à l'heure matinale où le sacrificateur de service pénétrerait dans le Saint pour l'encensement et l'oblation du matin.

Le soir montait à l'orient, ombrant de son manteau, encore vierge d'étoiles, le sommet orgueilleux des montagnes lointaines, tandis que l'occident flamboyait encore des derniers feux du soleil qui achevait de descendre son disque énorme et rouge dans un ciel aux tons cuivrés, livides et sanglants.

Un vieillard presque accablé par le poids lourd des ans,

descendait péniblement les degrés du Temple du côté de la piscine de Siloé sur les bords de laquelle de nombreux malades, des estropiés et des lépreux attendaient anxieusement, pour s'y plonger, que l'Ange du Seigneur en agitât les eaux pour leur donner la fugitive vertu du Miracle.

Le vieillard les regarda, un instant, d'un œil pitoyable et s'apprêtait à continuer son chemin.

Mais un jeune homme se dressa devant lui au détour d'une rue, surprit son regard de commisération et lui dit d'un ton convaincu :

— Mon père, vous regardez ces malheureux et votre cœur est saisi, comme chaque fois que vous passez ici, d'une pitié profonde. N'oubliez pas que ces eaux ont perdu leur vertu ! L'Ange du Seigneur, en effet, ne les agitera plus du frôlement de ses ailes, car le Fils même de Jéhovah-Elohim, Notre-Seigneur Jésus le Christ, est venu en personne et a répandu de ses propres mains la bénédiction de l'Eternel sur le peuple juif aveuglé et sur les nations désormais appelées à recevoir la Bonne-Nouvelle de la Rédemption et du Salut.

« C'était Lui qui guérissait les malades, sauvait les infirmes, ressuscitait les morts; c'est Lui que l'ingratitude des siens a fait mourir, pour tant de bienfaits, ce sont ses larmes qui sont tombées sur Jérusalem condamnée a expier ses péchés dans des douleurs plus grandes que celles qu'elle souffrit jamais depuis Moïse. Voici l'un des derniers soleils qui se coucheront sur sa splendeur étrangère qui va s'éteindre dans la boue et dans le sang, jusqu'à ce que le sel soit semé sur ses ruines et que la charrue déracine jusqu'aux fondements de ses maisons et arrache jusqu'aux assises de ses palais. »

— Malheureux ! s'écria le vieillard, oses-tu ainsi parler à un sacrificateur en Sion et faut-il que ma vieillesse qui s'achève en ces saints portiques soit condamnée à voir mon propre fils renier le saint et sacerdotal héritage de sa tribu, pour suivre les erreurs des Galiléens qui adorent un séditieux que le Sanhédrin a livré à l'autorité romaine et que Pilatus a fait mettre en croix! Par les cornes de Moïse, notre père, tu blasphèmes, Jacoub, mon fils, et tu outrages mes cheveux blanchis devant l'autel du Seigneur Dieu d'Israël!

— Non, père! et je vous supplie de m'écouter, au nom même de l'amour et du respect que j'ai pour vous!...

— Parle donc, dit le vieillard, en s'asseyant sur la dalle d'un tombeau antique.

— Ne sentez-vous pas la terre trembler sous vos pas? ce Temple, même, frémir jusque dans son plus secret sanctuaire, d'un effroi profond et mystérieux?... Est-ce que les cieux ne charrient point de sinistres présages? Quels avertissements manquent à Jérusalem et son sommeil, lui-même, n'est-il pas trompeur et rempli de songes funestes? O mon père, les portes du Temple ne veulent plus clore un lieu que Dieu lui-même abandonne; vous le savez, le voile du Saint des Saints, désormais inutile, s'agite sous le souffle des Anges qui fuient le sanctuaire où le Seigneur ne veut plus habiter; la majesté du Très-Haut ne veut plus de vos sacrifices et le Grand-Prêtre anxieux dépose en vain sur l'autel l'Urim et le Thummin[1] dont les gemmes sacrées ne rendent plus d'oracles.

« O père, venez avec nous, vos enfants vous en supplient; Jérusalem déjà désolée par les factions va voir la guerre civile déchirer ses entrailles et les livrer en pâture aux vautours de l'extérieur. Qui peut être assez téméraire pour oser espérer, en ces convulsions prochaines et terribles, conserver même sa propre vie?

» Souvenez-vous des paroles de Jésus notre Christ qui a

____

(1) Voir le deuxième volume : _Rédemption_.

prédit ces malheurs et qui nous a conseillé, à leur approche, de fuir dans les montagnes et d'abandonner une ville à jamais maudite pour ses crimes.

» Nous tous qui adorons le Seigneur Jésus, confiant dans ses prophéties temporelles autant qu'en ses promesses éternelles, nous allons nous hâter de lui obéir et de nous retirer au loin, non sans douleur, hélas! car, quelles profanations attendent ces lieux sanctifiés par ses pas divins, illustrés par tant de ses prodiges, humides encore de son sang et tout frémissants des derniers et éternels échos de sa parole! »

Mais le vieillard irrité s'écria, en levant les yeux vers le ciel :

— Maudits soient ceux qui délaissent Sion! Maudits ceux qui méprisent l'éternelle allégresse des parvis du Seigneur et qui croient que l'Eternel notre Dieu veut détruire le Temple de sa gloire et exterminer à jamais le peuple de sa Promesse! Infamie sur ceux qui, issus de la race sacerdotale, méprisent le texte formel de la deuxième Loi,[1] car le Seigneur l'a dit à Israël, par la bouche de Moïse : « Tu n'ajouteras ni ne retrancheras rien à la Loi de l'Eternel ton Dieu! »

Mais, devant le vieillard étonné, le jeune homme souriait tristement, et il souriait pour marquer à son père que son cœur était en paix et ne pouvait être atteint par une malédiction que Dieu eut ratifiée au temps de Moïse, mais à laquelle Jésus-Christ ne pouvait permettre d'effleurer ses saints.

— O mon père, dit-il, venez avec nous, nous vous en supplions, vous verrez nos œuvres, nous vous expliquerons notre Foi et vous serez convaincu. Que si, au contraire, la grâce de Notre-Seigneur Jésus-Christ ne vous touche pas et

---

(1) Le Deuteronome. Voir le troisième volume : *l'Enfant du Tonnerre*, (p. 75-76.)

ne change pas votre âme, nous serons, quand même, les serviteurs respectueux et dévoués de votre vieillesse. Mais, au nom des liens les plus chers qui nous unissent, ne restez pas sur ce volcan qui gronde! Demain il ne restera de Jérusalem que des ruines et l'herbe poussera sur les décombres de Sion!

En ce moment, une femme voilée qui était là depuis quelques instants, en silence, se jeta aux pieds du vieillard et s'écria en pleurant :

— Rejetterez-vous, ô mon père, la prière de la femme de votre fils? Venez avec nous, croyez-nous, et sauvez votre vieillesse des catastrophes qui vont se déchaîner.

D'un geste majestueux, le vieillard montra le Temple dont les flancs de marbre et les toits d'or flamboyaient aux derniers reflets sanglants du couchant :

— Adieu! dit-il, transfuges indignes des parvis de Sion! c'est vous qu'atteindra la colère de l'Eternel notre Dieu; Sehémouel-ben-Joakim, votre vieux père, ne quittera point les augustes portiques de Jéhovah, car la gloire et la bonté d'Elohim est à jamais sur le peuple de son choix et l'Arche de sa Promesse!...

Et, majestueux, il remonta les degrés, péniblement, comme pour affirmer sa ferme confiance et son inébranlable volonté.

Et, sur le bord de la piscine de Siloé aux eaux fangeuses et jaunâtres désormais sans vertu, Jacoub et sa femme se prosternèrent et se mirent à prier ainsi :

« Seigneur, nous crions vers Vous des profondeurs de cet abîme! Ecoutez la voix de nos prières d'une oreille attentive!

» Nos péchés nous font indignes de Votre Face, mais votre miséricorde se répand sur vos serviteurs et, confiantes en vos promesses, nos âmes attendent Votre clémence avec plus d'impatience que les sentinelles de la nuit attendent l'aurore.

» Soyez béni, Seigneur, vous dont les grâces abondantes
sont le dernier gage de rédemption et de salut pour Israël.[1] »

. . . .

Quand ils se relevèrent, la nuit avait effacé les dernières
rougeurs de l'Occident.

Ils regagnèrent leur maison et trouvèrent ensuite, réunie
au Cénacle et près du tombeau de David, la caravane chrétienne à laquelle ils se joignirent et qui, la nuit même, sortit
des murs de Sion.

(1) Psaume 129.

II

LE CHEMIN DE L'ABIME.

« Quand vous verrez, avait dit Notre-Seigneur Jésus-
Christ à ses disciples, l'abomination de la désolation, prédite
par le prophète Daniel, établie dans le Lieu Saint, — là même
où elle ne doit pas être, — que ceux qui sont dans la Judée
s'enfuient dans les montagnes. Lorsque vous verrez les
armées entourer Jérusalem, sachez que cette désolation est
proche.[1] »

. . . .

L'heure de l'accomplissement de la redoutable prophétie
était arrivée.

Le peuple juif, providentiellement mêlé à toutes les
nations de l'univers, à l'Egypte, par Abraham, Jacob,
Joseph, Moïse, Aaron et les siècles ; à la Phénicie, par David,
Salomon et les relations du voisinage et du commerce ; à
l'Assyrie, à la Perse, à la Grèce par les chaînes de la capti-
vité, par Daniel, Esther, Mardochée et par ses Livres sacrés
traduits dans la langue d'Homère ; à l'Empire Romain par
les alliances des Machabées et son expansion dans l'univers

(1) S. Matthieu, xxiv, 15-16. — Marc, 13 et 14. — Luc, 21-20.

entier, le peuple juif, héritier de la promesse divine et dépositaire aveugle de sa réalisation accomplie dans la personne de Jésus-Christ, allait voir le vent des catastrophes éparpiller aux quatre coins du monde les débris de son autel abandonné de Dieu et les morceaux de son cœur épuisé par les larmes et le sang.

Daniel qui avait annoncé le rétablissement de Jérusalem après l'esclavage de Babylone, lui avait aussi montré de loin la croix du Christ élevée par Israël déicide, la réprobation divine tombant sur lui comme la foudre, prémisse de la désolation du Lieu Saint, de la cessation des sacrifices, de la destruction de la ville et du Temple suivies d'une ruine générale et sans réparation.

Le prophète n'avait pas été entendu davantage, lorsqu'il avait montré le Christ, pierre excellente détachée de la montagne, frappant aux pieds, pour la réduire en poudre, la monstrueuse statue aux quatre métaux, l'empire aux quatre dynasties créé par la fusion des Assyriens, des Perses, des Grecs et des Romains.

Insensés, éblouis par la matérielle splendeur de leur ville superbe, éclatante d'or et de marbre, ils attendaient toujours le problématique sauveur qui, dans leur conception grossière et étroite et sur la foi de prophéties tronquées ou adaptées à leur ignorant égoïsme, devait leur donner l'empire du monde et surgir de la Judée pour le triomphe éclatant d'Israël. [1]

Le Messie était venu, se levant de Juda, vrai conquérant digne du nom prophétique d'ORIENT. Déjà ses capitaines apostoliques étaient partis à la conquête du monde; déjà, ils

---

(1) Cet oracle ambigu, dit Josèphe *(Guerre des Juifs,* l. VII, ch. XII et suiv.), désignait Vespasien qui fut créé empereur lorsqu'il était en Judée. Tacite et Suétone ont émis la même opinion, plus excusable chez eux, païens, incapables de saisir le sens mystique des Écritures, que chez Josèphe qui était de race sacerdotale et sacrificateur dans le Temple de Jérusalem.

ne comptaient plus leurs victoires; déjà, fondé et béni par Lui, un pontificat nouveau s'élevait, triomphant, entre ces deux colosses chancelants sur leurs trônes ébranlés, Aaron et César.

Jérusalem avait vu, au contraire, la chaire de ses souverains pontifes osciller étrangement sur sa base, présage d'une chute imminente.

Depuis le vieil Hérode, les pontifes, créatures viles des gouverneurs romains, s'y succédaient comme des comparses de théâtre, appelés ou renvoyés selon le caprice du moment; irrités de leur chute et avides d'argent pour soutenir l'éclat de leur grandeur perdue dont le reflet seul leur restait, par eux les exactions les plus injustes pressurèrent les prêtres subalternes de leur influence, déterminant des haines, telles que les rues retentissaient incessamment des combats que se livraient les gens armés qui les accompagnaient partout.

Depuis Pilate, les gouverneurs romains se succédaient en Judée, plus féroces les uns que les autres.

La Judée était pleine d'assassins que les gouverneurs, au lieu de les punir, employaient à tuer ceux qui leur déplaisaient; ainsi avait péri le grand-prêtre Jonathas, par ordre de Félix auquel il avait reproché ses vices.

Florus, un des successeurs de Félix, avait dépassé encore en horreurs, en cruautés, en exactions de toutes sortes, ses prédécesseurs, vendant aux brigands eux-mêmes l'impunité de leurs crimes.

Faire piller les marchés par ses soldats et tuer tous ceux qui s'y trouvaient, sans distinction de nationalité et de caste, n'était qu'un jeu pour lui; il poussa même, un jour, le peuple de Jérusalem à sortir de la ville, pour aller au-devant des troupes romaines qui arrivaient de Césarée, afin de leur donner un gage de bonne intelligence; démarche fatale dont le résultat fut un massacre général dont il avait donné l'ordre en secret, afin de pousser le peuple à la guerre pour noyer dans les catastrophes publiques la responsabtlité de ses crimes.

La sédition s'exaspéra dans Jérusalem contre Rome; les brigands et les assassins qui désolaient la Judée, s'empressèrent d'accourir et, bientôt, favorisés par de premiers succès, enlevèrent plusieurs forteresses, dont ils égorgèrent les garnisons romaines qui ripostèrent par de cruelles représailles, massacrant sans pitié jusqu'aux juifs les plus pacifiques enfermés dans leurs maisons.

Plus de quatre-vingt-sept mille périrent ainsi à Césarée, à Ptolémaïde, à Ascalon, à Damas, à Scythopolis et à Alexandrie.

Peu de temps après, Antioche voyait de semblables hécatombes. Le sang coulait dans les autres villes à proportion, et la terreur était telle qu'on n'ensevelissait même pas les cadavres.[1]

Parmi ces horreurs, Cestius Gallus, gouverneur de Syrie, à la tête d'une armée romaine, s'avançait, mettant tout ce qui restait debout à feu et à sang. Zabulon, Antipatride, Lydda, Joppé n'étaient plus que des ruines fumantes.

Déjà Cestius Gallus marchait vers Jérusalem, lorsqu'il changea inopinément d'avis et battit en retraite dans les montagnes où les juifs le harcelèrent dans des combats sanglants.

Jérusalem n'était pas mûre encore pour la destruction et Dieu lui réservait de plus grands maux et de plus cruels châtiments.

Toutefois, les chrétiens de la ville prirent cet événement pour un avertissement du Ciel et s'empressèrent de se retirer au delà du Jourdain, dans la ville de Pella appartenant au roi Agrippa, pour y vivre en paix sous la protection de Dieu, pendant le feu de la guerre.

---

(1) Josèphe, l. II, ch. XVIII et suiv.

Ils se souvenaient, en effet, en outre des prophéties du Seigneur, de celle des apôtres Pierre et Paul qui leur avaient dit expressément :

— Dans peu de temps, Dieu élèvera à l'Empire un prince qui subjuguera les Juifs, rasera leurs villes et les assiégera dans Jérusalem. Là, leurs femmes seront réduites par une cruelle famine à se nourrir de la chair de leurs propres enfants et eux-mêmes, poussés par les chefs des divers sectes, à faire les uns des autres un affreux carnage.

« Lorsque leur ville tombera au pouvoir de l'ennemi, ils verront sous leurs yeux leurs filles et leurs femmes traitées indignement, leurs jeunes gens mis en pièces, leurs petits enfants écrasés ; enfin, tout mis à feu et à sang ; eux-mêmes traînés en esclavage, bannis à jamais de leur pays, et tout cela pour avoir insulté, avec tant de cruelles railleries, au Fils de Dieu qui s'était déclaré à eux par tant de miracles.[1] »

Cestius, en tout cela, n'avait fait que suivre les instructions de l'avide et criminel Florus, dont l'avarice n'avait pas de bornes, au point qu'ébloui par les immenses richesses contenues dans le Temple, son rêve était de profiter des désordres de la guerre pour faire main basse sur ces opulents trésors.

Les Juifs, outrés de sa perfidie, avaient protesté de toutes leurs forces contre l'accusation de révolte, auprès de Cestius et, persuadés par le jeune roi Agrippa accouru en toute hâte à Jérusalem pour les détourner de s'insurger contre les Romains, ils fussent pleinement rentrés dans l'obéissance sans les diverses factions qui, elles-mêmes, se plaisaient à entretenir les plus grands désordres.

Jusque-là, cependant, ces révoltes quoique sanglantes, n'avaient pas pris encore un caractère de guerre ouverte, et les gouverneurs n'avaient traité les révoltés que comme des factieux faciles à réduire et à calmer.

(1) Lactance.

Mais les désordres prirent peu à peu de telles proportions que force fut de renoncer à les traiter administrativement et qu'il fallut en appeler à l'intervention directe de l'Empereur.

Ce fut alors que Néron, apprenant avec étonnement le mauvais succès de ses armes en Judée, et s'en prenant à Cestius, incertain s'il devait craindre pour l'avenir de ce peuple décidé apparemment à tout entreprendre pour reconquérir sa liberté, chercha un homme capable de faire triompher les intérêts de Rome, pour lui confier la conduite d'une guerre qui n'aurait pas seulement pour objet de châtier la révolte des Juifs, mais d'empêcher encore que les autres nations n'entreprissent de secouer le joug de Rome comme elles y paraissaient entièrement disposées.

Après en avoir longuement délibéré, il ne trouva que le seul Vespasien capable de soutenir une semblable entreprise.

La vie entière de ce vieux général s'était passée dans la guerre; l'empire lui devait la paix de l'Occident, il avait vaincu les Allemands et les Anglais, et son âge, son expérience et son courage étaient autant de garanties de succès.

Vespasien était, alors, en Achaïe, avec Néron. A peine eut-il reçu les ordres de l'Empereur qu'il s'empressa d'envoyer Titus, son fils, à Alexandrie, pour y prendre la tête de deux légions, tandis que, lui-même, après avoir traversé l'Hellespont, vint en Syrie rassembler toutes les forces romaines et y joindre toutes les troupes que lui fournirent les rois des nations voisines, pour l'aider dans son entreprise.

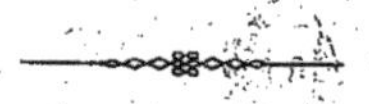

Une comète qui ressemblait à une épée gigantesque et flamboyante,
parut au ciel et resta visible aux yeux de Jérusalem. (P. 21.)

III

Comme à la veille des grands événements qui doivent profondément bouleverser une nation et accabler un peuple, il semble que l'esprit des choses plane dans l'air et y souffle l'appréhension des convulsions futures; la main qui, jadis, écrivit devant les yeux épouvantés de Balthazar le *Mane, Thecel, Pharès*, sonnait lugubrement le glas de son empire, traçait dans les cieux agités de la Judée, en caractères de flamme et de sang, les sentences du Très-Haut.

Pendant une année entière, une comète qui ressemblait à une épée gigantesque et flamboyante, parut au ciel et resta visible aux yeux de Jérusalem.

Et les Juifs insensés s'étaient félicités, pensant que le glaive du Seigneur allait combattre avec eux!...

La guerre, alors imminente, n'était pas encore commencée. Le peuple s'était assemblé, en ce jour, 8 avril, pour célébrer la fête de Pâques.

La neuvième heure de la nuit venait de sonner lorsque, tout à coup, une lumière éclatante environna l'autel et le Temple, si vive qu'on eut pu penser que le soleil se levait derrière ces murailles. Pendant une demi-heure, le Temple entier fut comme incendié de cette clarté saisissante.

Et les Juifs ignorants, s'applaudissant de cette merveille, s'écrièrent :

— La force du Seigneur nous revêt de splendeur et la gloire d'Elohim va de nouveau resplendir sur Sion !...

Mais, dans les profondeurs du sanctuaire, ceux qui étaient instruits dans les choses saintes tremblaient et gémissaient sur ces présages funestes.

D'autres événements bizarres semblaient concourir encore, par leur étrangeté, à montrer aux yeux les plus incrédules que la nature, elle-même, se ressentait de ces bouleversements prochains.

En ce même jour de fête, comme on conduisait à l'autel les animaux, pour le sacrifice, une vache qu'on allait immoler déposa un agneau, au milieu même du Temple,[1] et tout le monde fut atterré de ce prodige.

Quelque chose de plus surprenant allait encore se produire en ce même jour, cependant :

On était à la sixième heure de la nuit. La porte du Temple qui regardait l'Orient et qui était de bronze et si pesante que vingt hommes pouvaient à peine la pousser, s'ouvrit toute seule avec fracas. Pourtant, de grosses ferrures la fermaient, et elle était solidement close par des barres de fer énormes et des verroux qui entraient profondément dans le seuil fait d'une seule pierre.

Les gardes du Temple, en voyant ce prodige, furent saisis d'horreur et d'admiration.

Aussitôt, ils coururent en informer les magistrats qui vinrent et constatèrent le fait, tandis qu'on parvenait, au prix des plus grands efforts, à refermer la porte, sur leur ordre.

— Gloire au Seigneur ! s'écrièrent, cette fois encore, les Juifs ignorants et insensés, car il nous prouve par là que

---

(1) Josèphe. *Guerre des Juifs.*

ses bras paternels sont toujours ouverts pour nous recevoir, tandis que ses mains libérales vont nous combler de toutes sortes de biens !

Et, cependant, il y avait des gens prudents et sages qui, loin de se réjouir, jugeaient, au contraire, que c'était là un sombre présage, que le Temple se ruinait lui-même, et que la force de Dieu en ouvrait toutes grandes les portes, désormais inutiles, aux Romains conquérants.

Mais la série des prodiges avant-coureurs n'était pas close et le ciel ne devait rien négliger dans l'ordre des avertissements solennels et péremptoires.

Quelque temps après la fête de Pâques, le 27 mai de cette année-là, avant le lever du soleil et aux yeux épouvantés, cette fois, d'une grande quantité de témoins, le ciel entier de la Judée présenta un étonnant spectacle.

On vit des armées innombrables et des chariots pleins de soldats traverser les rues et se rendre autour des villes comme pour les assiéger.

Et cette terrifiante vision ne disparut qu'avec les premiers rayons du soleil.

Enfin, cinquante jours s'étaient écoulés depuis la fête de Pâques et les Juifs célébraient le jour de la Pentecôte, une de leurs trois plus grandes solennités, établie en commémoration de la glorieuse époque où le Seigneur, par l'organe de Moïse, avait donné sa Loi au peuple d'Israël au milieu des éclairs et des foudres du Sinaï.

Une plus grande affluence de croyants se pressait, en ce jour, autour des autels d'où le peuple entier, en des temps si graves, semblait attendre une confirmation nouvelle et des grâces de salut.

Tout le jour, le sang des victimes avait coulé à flots, la fumée des holocaustes était montée vers le ciel plus épaisse, mélangée aux odorantes vapeurs de l'encens et, la nuit, venue, les sacrificateurs célébraient le divin service lorsque, tout à coup, un grand bruit s'éleva du sanctuaire et fut répercuté par tous les échos du Temple.

Un silence succéda plein d'angoisse et, aussitôt, une voix se fit entendre et cria à plusieurs reprises :

— Sortons d'ici ! Sortons d'ici !...

Le doute n'était plus permis, Jéhovah-Elohim abandonnait son Temple profané par les factions impies et la sacrificature sacrilège ; la maison, selon la parole du Christ, devenait déserte, en proie aux affres de l'abandon.

Seul, le peuple ignorant, ballotté au vent des impostures et mené par les factieux, espérait toujours en ce mystérieux conquérant qui devait se lever de Juda !

Et lui aussi, cependant, aurait dû ouvrir les yeux sur ses erreurs et se détromper.

Depuis six ans, en effet, Jérusalem retentissait des accents d'une voix prophétique et sinistre.

Quatre ans avant le commencement de la guerre, alors que la ville de Sion était encore dans une large abondance et dans une paix profonde, un paysan nommé Jésus, fils d'Ananus, était venu à la fête des Tabernacles toujours célébrée à Jérusalem avec une magnificence tumultueuse et une allégresse sans égale, en mémoire du long séjour du peuple d'Israël dans le désert où il avait si longtemps logé sous des tentes de nomades.

Jésus avait regardé avec des yeux attristés cette joie exubérante, ces gens joyeux et vêtus de couleurs éclatantes qui avaient dressé des tentes de feuillages partout, autour de la ville, sur les places publiques et jusque sur les toits en terrasse des maisons.

Mêlé à la foule, il était allé dans le Temple pour prier comme les autres.

Mais, tout à coup, saisi par l'esprit prophétique, il s'était écrié, au milieu de la foule étonnée et ne comprenant rien à de semblables paroles :

— Voix du côté de l'Orient!... Voix du côté de l'Occident!... Voix du côté des quatre vents!... Voix contre Jérusalem et contre le Temple!... Voix contre les nouveaux fondateurs de famille!... Voix contre tout le peuple!...

. . . .

Puis, fendant la foule stupéfaite, il était sorti d'un air inspiré et s'était mis à faire lentement le tour de la ville et des places publiques en répétant les mêmes paroles.

Infatigable, il ne cessait jour et nuit de marcher en proclamant sa prophétie sinistre.

Les magistrats, informés de ce fait, le firent appréhender et amener devant leur tribunal.

Mais à toutes les questions qu'on lui posait, il ne savait que répéter la même chose :

— Malheur à Jérusalem! Malheur au peuple! Malheur au Temple!...

Irrités de n'en point obtenir autre chose, ses interrogateurs le firent fouetter.

Mais Jésus, fils d'Ananus, ne se plaignit point de ce dur traitement et se borna à répéter :

— Malheur à Jérusalem!...

— Voilà quelque chose de merveilleux, pensèrent les magistrats et le doigt de Dieu se montre en ceci!

Ils le firent, alors, conduire à Albinus gouverneur de la Judée. Celui-ci le fit battre de verges et mettre tout en sang. Mais il n'en obtint pas davantage. Pas une prière ne sortit de sa bouche, pas une larme ne tomba de ses yeux, mais à chaque coup qu'on lui donnait, Jésus répétait d'une voix lamentable :

— Malheur! malheur à Jérusalem!

— Homme singulier, lui dit alors Albinus, le gouverneur, sera-t-il donc impossible de tirer de toi autre chose que cette même rengaine?

— Malheur à Jérusalem!... répondit Jésus.

— D'où es-tu?

— Malheur! malheur sur Jérusalem!...

— Qui es-tu?

— Malheur sur Jérusalem!...

— Pourquoi parles-tu ainsi? Pour quelles raisons pousses-tu de si lugubres lamentations, et pourquoi verses-tu ces prophéties sinistres sur tes compatriotes qui sont dans la paix et la joie, sous la protection de César?

Mais Jésus ne répondit rien à aucune de ces questions pressantes, il n'accusa pas le gouverneur de curiosité intempestive, ni ses bourreaux de cruauté inutile, il se borna à répéter d'un ton lamentable :

— Malheur! malheur sur Jérusalem!...

— C'est un fou, dit le gouverneur, laissez-le aller et qu'il devienne ce qu'il pourra!

Sans un geste de remerciement, Jésus, tout ensanglanté par les verges, sortit avec un calme stoïque du prétoire, et sans adresser la parole à qui que ce fût, il reprit sa course à travers la ville en recommençant ses lamentations....

Les uns le battaient et il ne s'en plaignait pas, les autres le nourrissaient et il ne les en remerciait pas. Jamais personne n'entendait sortir de sa bouche d'autres paroles que celles-ci :

— Malheur à Jérusalem!...

Chaque jour et chaque nuit, la ville voyait et entendait ce veilleur infatigable parcourir ses rues, ses places, ses remparts, ses carrefours en annonçant de la même voix monotone et triste, l'heure des catastrophes. Les jours de fête, seulement, sa voix était plus forte que de coutume.

Et, nonobstant de tels enseignements et de si solennels présages, Jérusalem qui, jadis, avait méprisé la divine sagesse du Christ, continuait à mépriser même les enseignements de la sagesse humaine et, livrée aux plus désolantes factions, aveugle, ne sentait pas le vent souffler la ruine ni le sol se creuser en gouffre sous ses pieds!

. . . .

$$IV$$

LA VENGEANCE EN MARCHE.

Après avoir assemblé une partie de son armée et ordonné au reste de se rendre en même temps que lui sous les murs de Jérusalem, Titus partit à Césarée prendre le commandement de plusieurs légions composées de très bons soldats qui, ayant eu de mauvais succès alors que Cestius les commandait, brûlaient de combattre sous un nouveau général et de se venger des Juifs.

— Allez par Emmaüs, dit Titus au chef de la sixième légion, et vous, dit-il à celui qui commandait la dixième, prenez le chemin de Jéricho ; moi-même je vous accompagne à la tête des deux autres et des troupes que les rois voisins m'ont envoyées.

Pour remplacer les hommes que Vespasien avait tirés de ces quatres légions et fait passer en Italie, pour d'autres besoins, sous la conduite de Mucius, il prit deux mille hommes dans l'armée d'Alexandrie ; trois mille autres venaient le long de l'Euphrate et un de ses meilleurs amis le suivait, le général Tibère Alexandre, ancien gouverneur de l'Egypte et d'une grande bravoure à la guerre, à la tête de nombreux soldats dévoués.

Supérieurement armé, Titus s'avançait à la conquête, avec un ordre admirable.

En tête de son immense armée, marchaient les troupes auxiliaires ; les pionniers les accompagnaient, chargés d'aplanir les chemins.

Ensuite de ceux-là, venaient les organisateurs des campements, suivis du train des bagages des chefs, sous bonne escorte.

Titus venait ensuite, accompagné de ses gardes et autres soldats choisis que suivait, à peu de distance, un corps de cavalerie qui précédait les formidables machines de combat et de siège qu'employait alors l'art de la guerre.

Ensuite, venaient les tribuns et les chefs des cohortes, accompagnés de soldats choisis, puis, l'aigle environnée des enseignes des légions précédées par des trompettes.

Le corps de bataille, dont les soldats marchaient six par six, venait après, suivi des bagages conduits pour les valets des légions, puis, les vivandiers et les artisans avec les troupes dont la tâche était de les garder, fermaient la marche.

Ce fut en cet ordre que Titus arriva par Samarie à Gophna, première place forte prise par son père Vespasien, et d'où il partit le lendemain matin pour aller camper à Acanthonaulona près du village nommé Gaba de Saul à trente stades de la ville de Sion.

Bientôt il en partit avec six cents cavaliers choisis, pour reconnaître Jérusalem qu'il n'avait jamais vue dans l'imposant détail de sa force armée.

L'aurore commençait à éclairer le ciel.

Comme le prince montait à cheval, des soldats lui amenèrent un homme âgé, surpris dans un sentier qu'il suivait, comme un voyageur qui s'exile.

— Qui es-tu? lui demanda-t-il.

— Seigneur, répondit le vieillard humblement, laissez un

homme, dont le cœur est brisé, s'en aller en paix mourir tranquillement dans un coin d'ombre et de silence. Je ne saurais vous être d'aucune utilité ni vous porter le moindre ombrage. Je me nomme Schimouel-ben-Joakim, sacrificateur en Sion, je n'ai pu rentrer à temps dans Jérusalem qui a clos toutes ses portes, et mon bras trop débile ne saurait tenir une épée; je me rends à la ville de Pella pour rejoindre un fils qui m'attend dans l'espérance et dans les larmes.

— Ah! tu es sacrificateur?

— Oui, seigneur.

— Tu connais donc Jérusalem dans tous les détails de sa topographie. Je ne te ferai aucun mal, vieillard, mais je t'ordonne de me guider dans la reconnaissance que je vais faire et, du haut de la colline que tu vois devant nous, de me donner le détail de la place.

— Je le ferai, seigneur, dit le vieillard en tremblant, si vous ne me demandez que cela, car ne connaissant aucun des secrets de la défense de Jérusalem, il me serait impossible de vous satisfaire sur d'autres points.

Titus regarda le vieux lévite, non avec des yeux soupçonneux, mais avec le regard franc qui caractérisait ce prince loyal et juste.

— Bien, dit-il.

Et, s'adressant aux soldats qui l'entouraient, attendant ses ordres :

— Un cheval pour le lévite! s'écria-t-il.

Tant bien que mal, le vieillard y fut hissé; la troupe se mit en marche et parcourût bientôt les quelques stades qui séparaient Acanthonaulona de Jérusalem.

Les faubourgs, déjà très étendus à cette époque, étaient totalement abandonnés de leurs habitants qui, pour la plupart, s'étaient réfugiés dans la ville et dont le petit nombre seul avait gagné les montagnes.

La troupe que Titus commandait y pénétra sans peine et sans résistance.

Un silence complet régnait sur les murailles et dans la ville, calme plat comme celui qui précède les grands ouragans.

Librement, le général romain parcourut, avec ses cavaliers, les collines prochaines d'où l'on pouvait voir s'étaler la ville gracieuse et puissante, dans la splendeur grecque et romaine dont Hérode-le-Grand l'avait gratifiée naguère.

— Voyez, seigneur, dit le vieillard, en faisant remarquer à Titus la force des remparts. La ville possède une triple ceinture de murailles, sauf du côté des vallées inaccessibles où il n'y a qu'un seul mur. Elle est bâtie sur deux montagnes, dont l'une nommée Acra porte la ville basse, tandis que l'autre dont l'univers connait le nom sacré a été choisie jadis par David pour y bâtir le Temple de Jéhovah Elohim notre Dieu, que Salomon a construit, que tant de catastrophes nationales ont si souvent ébranlé ou détruit et qu'Hérode a restauré dans la magnificence qui resplendit à vos yeux.

Le soleil, en ce moment, faisait étinceler les marbres superbes et les toits couverts d'or du Temple de Sion, et Titus, frappé d'admiration, restait muet devant tant de splendeur.

Enfin, rompant son silence.

— Quoiqu'il arrive, vieillard, dit-il, il ne sera pas dit qu'un général de cette Rome qui a le culte des chefs-d'œuvre, détruira ou consentira à ce que l'on détruise cette merveille. Poursuis sans détour tes explications.

— Le plus ancien des trois murs de la ville passe pour imprenable. Il est d'une grande épaisseur et la hauteur de la montagne sur laquelle il est bâti, ainsi que la profondeur des vallées qu'il surplombe, en font une impénétrable cuirasse pour la solidité de laquelle, David, Salomon et les autres rois n'ont rien épargné.

« Il commence à la tour d'Hippicos, continue jusqu'au

palais du Sénat et finit, comme vous pouvez vous en rendre compte, au portique du Temple qui regarde l'Occident. Il reprend, alors, à ce même portique occidental pour passer par l'endroit appelé Betso et continuer jusqu'à la porte des Esséniens. De là, tournant vers le midi, il passe au-dessous de la fontaine de Siloé et, par Ophlan, retourne vers l'Orient, gagne l'étang de Salomon et va au portique oriental du Temple où il se termine. »

— Très bien, vieillard, dit Titus, mes yeux eux-mêmes me montrent que tu ne me trompes pas. Le second mur me paraît de moindre importance.

— Oui, seigneur, il commence à la porte de Génath qui fait partie du premier mur, il ne va que jusqu'à la forteresse Antonia et ne regarde que le côté du septentrion.

— Ce n'est pas là celui qu'à édifié le roi Agrippa?

— Non, seigneur. L'ouvrage du roi Agrippa est le troisième mur que vous voyez commencer à la tour d'Hippicos et qui s'étend du côté de la bise jusqu'à la tour Pséphiria, vis-à-vis du sépulcre d'Hélène, reine des Adiabéniens et mère du roi Isate, continue le long des cavernes royales depuis la tour que vous voyez à l'un de ses coins où il fait un coude pour aller passer tout près du tombeau du foulon. Ce mur rejoint, de là, l'ancienne muraille et se termine au torrent de Kidron.

— Pourquoi le roi Agrippa avait-il construit ce mur?

— Pour clore la ville de ce côté alors inhabité, seigneur, mais, depuis, le peuple y a construit des maisons, a rempli cet espace et a même débordé au dehors comme il a beaucoup construit du côté septentrional du Temple qui est proche de la montagne.

« C'est aussi pour la même raison que vous voyez la montagne de Besetha[1] qui est en face de la tour Antonia,

---

(1) Besetha veut dire *ville neuve*.

couverte de maisons, mais là, des fossés profonds ont été creusés à l'entour pour rendre cette citadelle presque inaccessible en en doublant, en quelque sorte, la hauteur. »

— Le roi Agrippa n'a fort heureusement pas achevé son ouvrage, dit Titus avec satisfaction, car, s'il l'eut achevé, aucune armée au monde ne pourrait prendre Jérusalem.

— En effet, seigneur, les pierres de ce mur ont vingt coudées de long sur dix de large, son épaisseur est de dix coudées et si sa hauteur répondait à sa largeur, il n'y a pas de machine de guerre qui pourrait l'entamer. Le roi Agrippa l'a laissé inachevé dans la crainte de porter ombrage aux romains et de s'attirer la colère de l'empereur Claudius. Toutefois, les juifs ont remédié un peu au défaut de cet ouvrage, car ce sont eux qui lui ont donné la hauteur de vingt coudées qu'il a présentement et l'ont garni de créneaux qui ont deux coudées[1] et de parapets qui en ont trois, ce qui lui donne vingt-cinq coudées de hauteur.

Titus écoutait ces détails avec attention.

— Comme vous le voyez, seigneur, continua le vieillard non sans un sentiment secret d'orgueil, ce mur est fortifié de tours qui ont vingt coudées en carré, sont aussi solides que lui et dont les pierres sont aussi belles que celle du Temple.

— Ces tours ont au moins vingt coudées de plus en hauteur que le mur, dit le général romain.

— Oui, seigneur.

— Et quel est leur aménagement?

— On y monte par des degrés à vis fort larges, répondit le lévite; au dedans, il y a des logements et des citernes immenses.

(1) La coudée fut l'unité principale des mesures de longueur chez les premiers peuples de l'Asie et de l'Afrique. La coudée royale sacrée d'Egypte, mesurait cinq cent vingt-cinq millimètres. La coudée naturelle, quatre cent cinquante millimètres. La coudée Olympique, quatre cent soixante-deux. La coudée philetérienne établie par les successeurs d'Alexandre, cinq cent quarante millimètres.

Titus comptait les tours.

— Il y en a quatre-vingt-dix, dit le vieillard qui remarqua son calcul.

— Quelle est leur distance respective?

— Deux cents coudées.

— Combien le mur du milieu a-t-il de tour?

— Quatorze, seigneur.

— Et l'ancien mur?

— Soixante.

— Voilà une ville bien fortifiée, dit Titus en se secouant la tête et d'un air pensif. Combien a-t-elle de tour?

— Trente-trois stades, seigneur.

Et Titus admira, en silence.

Ce qu'il voyait surpassait presque ce qu'il avait déjà vu du lieu où il avait établi son quartier.

Quoique ce troisième mur fut admirable, en effet, la tour Psephina, bâtie à l'angle de la muraille qui regardait le septentrion et l'occident, et vis-à-vis de laquelle Titus campait, surpassait encore en beauté tout le reste.

De forme octogone, cette tour, haute de soixante-dix coudées, offrait aux vigies juives un panorama si étendu, que, de ses terrasses on pouvait voir l'Arabie et découvrir, par un temps clair, jusqu'à la mer et aux frontières de la Judée.

Non loin d'elle, était la superbe tour d'Hippicos, voisine de deux autres, que le roi Hérode-le-Grand avait aussi élevées sur l'ancien mur et dont la beauté et la force étaient si surprenantes que leurs pareilles n'existaient pas dans le monde entier.

Ces tours, en effet, étaient, à la fois, l'œuvre de l'orgueil d'Hérode et celle de son cœur. En les construisant, il avait voulu, non seulement immortaliser son nom en Jérusalem, mais encore éterniser la mémoire des trois personnes qui lui avaient été les plus chères : un ami et un frère tués dans la guerre et morts en héros et une épouse qu'il chérissait.

Titus avait entendu parler de cela comme d'une légende, le vieillard la lui confirmait :

— Oui, seigneur, disait-il avec un enthousiasme national, le roi Hérode a donné à la tour Hippicos le nom de son ami, et il en a fait une merveille. Elle est massive au dedans, chacune de ses quatre faces a vingt-cinq coudées de largeur et trente de hauteur. Sa terrasse est pavée de pierres rares, jointes sans ciment avec un art parfait et contient un puits central de vingt coudées de profondeur, pour recevoir l'eau du ciel.

— Elle a plus de trente coudées de hauteur, dit Titus avec vivacité.

— Oui, seigneur, elle en a quatre-vingt-cinq, parce qu'elle supporte deux étages de logements, des créneaux et des parapets. La seconde de ces tours, appelée Phazaël, du nom du frère du roi Hérode, est plus grande et plus belle encore, car chacune de ses faces, en hauteur et en largeur, a quarante coudées.

— Et l'intérieur de cette tour ?

— L'intérieur est massif aussi, seigneur.

— Et les terrasses ?

— Le dessus comprend un vestibule de dix coudées de hauteur soutenu par des arcs-boutants et environné de tourelles. Du milieu de ce vestibule, s'élève une tour dans laquelle sont des logements et des bains luxueux dignes de la magnificence royale. Le haut de cette tour est également garni de parapets. Elle a quatre-vingt-dix coudées de hauteur, en tout ; sa forme, comme vous avez pu le constater, ressemble à celle du Pharos d'Alexandrie où un feu toujours allumé sert de fanal aux mariniers pour les empêcher de se briser sur les écueils. Mais elle est plus vaste et plus magnifique.

— N'est-ce pas là que Simon a établi le siège de son usurpation tyrannique? demanda Titus.

— Oui, seigneur, c'est là en effet que Simon, fils de Giovas, l'un des chefs des factieux juifs qui désolent Jérusalem par la guerre civile, s'est retranché.

— Qu'est-ce au juste que ce Simon?

V

LA DIVISION, ŒUVRE DE SATAN.

Le vieillard essuya, sur le bord de sa paupière, une larme prête à tomber et, prenant haleine un instant, après avoir jeté un douloureux regard sur Jérusalem, il répondit en ces termes :

— Simon, seigneur, est un ancien chef de brigands qui est parvenu, aidé par les tristes circonstances du temps présent, à se recruter un parti nombreux et puissant.

« Il est jeune et audacieux. Chassé par Ananus qui fut depuis assassiné et qui était, cette année-là, grand sacrificateur, chassé, dis-je, de la Toparchie de Lacrabatane dont il était gouverneur, il s'était retiré avec des voleurs qui occupaient Massada. D'abord suspect à leurs yeux, il sut gagner peu à peu leur confiance, devint leur capitaine et les mena au pillage des pays environnants.

» Ayant appris la mort d'Ananus, il aspira à la tyrannie aussitôt. Il fit, alors, publier qu'il affranchirait tous les esclaves et enrichirait les personnes libres. Tous ceux qui aimaient le désordre se joignirent bientôt à lui et il saccagea les bourgs et les villages. Puis, son audace croissant avec ses forces, de la montagne il passa dans la plaine et menaça les

Albinus le fit battre de verges et mettre tout en sang ;
mais il n'en obtint pas davantage. (P. 25.)

villes. Les succès, alors, lui joignirent des personnes importantes et beaucoup de peuple qui lui obéissaient comme à
leur roi.

» Il faisait des expéditions dans Lacrabatane et la Haute-
Idumée, ayant Naïm pour repaire et les cavernes de Pharan
pour entasser son butin immense pillé dans les campagnes.

» Un tel amas d'hommes et de provisions ne pouvait
avoir pour motif que de s'emparer de Jérusalem.

» Les zélateurs, autres factieux qui désolaient déjà
Jérusalem, sortirent pour le combattre, mais il les défit, en
tua un grand nombre et mit le reste en fuite.

» Cependant, ne se trouvant pas assez fort pour assiéger
Sion, il voulut, auparavant, s'emparer de l'Idumée. Les
Iduméens forts de vingt-cinq mille hommes, livrèrent bataille
aux vingt mille partisans de Simon pendant un jour entier,
sans que l'on pût savoir quels étaient les vainqueurs.

» Peu de temps après, Simon revint avec de plus grandes
forces camper près de Thécué et il y envoya Eléazar en
parlementaire, pour persuader aux habitants de se rendre.
Ceux-ci voulurent le tuer et Eléazar, pour leur échapper, se
jeta du haut de leurs murs dans la vallée et se tua lui-même
sur le coup.

» Ensuite de cela, les Iduméens trahis par un de leurs
chefs, eurent peur de Simon et, sans même combattre,
s'enfuirent à son approche.

» Après avoir ravagé toute l'Idumée, Simon vit la colère
des zélateurs de Jérusalem portée à son comble contre lui.
Ceux-ci n'osant lui déclarer une guerre ouverte, lui tendirent
des embûches sur tous les chemins, et, par ce moyen, lui
ravirent sa femme et plusieurs domestiques qu'ils emmenèrent en otage à Jérusalem espérant que, pour les retrouver,
Simon ferait la paix.

» Mais la colère de Simon l'emporta sur sa douleur et il
vint camper sous les murs de Sion, s'emparant de quiconque

en sortait pour quelque prétexte et exerçant sur tous les habitants qui tombaient entre ses mains, les plus horribles cruautés, en jurant par le Dieu Vivant que, si on ne lui rendait pas son épouse, il entrerait dans Jérusalem par la brèche et ferait couper les mains à tous les habitants.

» Les zélateurs lui ayant rendu sa femme, effrayés de ces menaces, sa fureur se modéra de ce côté, mais se tourna contre ce qui restait des Iduméens qui, désespérés, s'enfuirent à Jérusalem ; il était ainsi plus redoutable encore aux habitants que les Romains qui, de leur côté, s'emparaient de toutes les places fortes de la Judée, et que les zélateurs qui, pourtant, étaient plus redoutés encore des Juifs de Jérusalem que les Romains eux-mêmes, car Jean de Giscala, leur chef, le surpassait encore en cruautés et en abominations.

» C'est alors que les Iduméens qui ne pouvaient plus souffrir cette oppression de Jean dont ils avaient embrassé le parti, s'élevèrent contre lui.

» Ils en vinrent à un combat, tuèrent beaucoup de ses partisans, les poussèrent jusque dans le palais bâti par Grapta, cousine d'Isate, roi des Adiabéniens, que Jean avait adopté pour retraite et où il enfermait ses trésors, y entrèrent avec eux pêle-mêle, les contraignirent de se retirer dans le Temple et revinrent ensuite pour piller le palais.

» Les zélateurs, alors, dispersés dans la ville, rejoignirent ceux du Temple où Jean se préparait à faire une sortie contre le peuple et les Iduméens qui, épouvantés, ouvrirent leurs portes à Simon pour l'appeler à leur secours contre Jean.

» Simon reçut l'envoyé, un sacrificateur nommé Matthias, avec une grande hauteur, répondit en maître et entra dans la ville comme un libérateur dans le mois de Xantique.

» Acclamé par le peuple et les Iduméens, Simon ne les en considéra pas moins comme ses ennemis et ne songea qu'à les réduire en esclavage.

« Jean de Giscala renfermé dans le Temple désespérait de son salut et Simon pillait la ville.

» Cependant, tout le peuple obéissait à Simon qui assiégea le Temple où l'on se défendait avec rage du haut des murs et surtout de quatre grosses tours qu'on avait bâties aussitôt, la première entre l'orient et le septentrion, la seconde sur la galerie, la troisième dans l'angle opposé à la basse ville et la quatrième sur le sommet d'un tabernacle nommé Pastorion, où, selon la coutume de nos pères, un sacrificateur étant debout devant le soleil couché, faisait entendre par le son des trompettes, que le jour du Sabbat commençait ou finissait et, aussi, quels étaient les jours que le peuple devait sanctifier et ceux qu'il devait passer au travail.

» Les assiégés avaient garni ces tours de machines, d'archers et de frondeurs.

» Ce fut au temps, noble seigneur, dit le juif avec humilité, que votre illustre père, Vespasien, fut salué empereur par son armée, après que Vitellius et Galba eurent, tour à tour, succédé à Claudius Néro, en un court espace de temps.

» Alors, il se forma dans Jérusalem une troisième faction, celle d'Eléazar, parent de Manahem et chef des Sicaires ou assassins fanatiques.

» Ces trois factions étaient ennemies et ne cherchaient rien autre que s'entredévorer. »

— Ville insensée! s'écria Titus, interrompant le vieillard; ainsi, si j'ai bien compris, les zélateurs ayant usurpé les premiers la domination dans Jérusalem, sont la première cause de la guerre civile. Cette faction s'est ensuite divisée en deux avec, pour chefs, Eléazar et Simon et ces trois factions se dévorent entre elles?

— Oui, seigneur.

— Continue, vieillard, j'ai besoin de tout savoir.

— Ces trois partis opposés agissent donc dans Jérusalem, de cette sorte, les uns contre les autres.

« Eléazar et les siens qui ont en garde les prémices et les oblations saintes s'enivrent jour et nuit et attaquent Jean, sans cesse. Jean fait des sorties sur Simon et sur le peuple qui l'assiste de vivres et de munitions contre lui et Eléazar.

» Attaqué, parfois, par Eléazar et Simon, à la fois, Jean partage ses forces, repousse à coups de dards, de dessus les portiques du Temple, ceux qui viennent de la ville et tourne ses machines contre ceux qui lui lancent des traits du lieu le plus élevé du Temple. »

— Quels sont au juste les cantonnements de ces trois partis? demanda Titus avec intérêt.

— Les zélateurs occupent la partie intérieure du Temple, répondit le vieux lévite, et ont mis leurs armes sur les portes sacrées, avec la confiance de ne manquer de rien à cause des oblations continuelles qui s'y font et que leur impiété ne craint pas d'employer à des usages profanes. Leur seule peine est d'être trop peu nombreux pour pouvoir rien entreprendre.

« Jean de Giscala est fort en hommes, au contraire, et occupe la partie extérieure du Temple, mais il ne peut quitter ses positions de peur de les perdre, de sorte que le Temple est tout souillé de meurtres.

» D'un autre côté, Simon, fils de Giovas, que le peuple a appelé à son secours dans son désespoir, et qu'il s'est donné comme un tyran, tient toute la ville haute et une grande partie de la ville basse. Il attaque Jean sans cesse d'autant plus hardiment qu'il le voit occupé à soutenir les attaques d'Eléazar.

» Comme Jean a sur Simon le même avantage qu'Eléazar a sur lui, puisque la partie extérieure du Temple est commandée par la partie supérieure qui commande également la ville, Jean n'a pas grand'peine à repousser Simon et il emploie pour se défendre de longs bois et des machines qui poussent des pierres.

» Par ce moyen, non seulement il tue les partisans d'Eléazar, mais encore ceux qui viennent offrir des sacrifices et jusqu'aux sacrificateurs eux-mêmes.

» Ainsi, seigneur, on voit des gens venus des extrémités du monde, pour adorer dans ce Lieu Saint Jéhovah-Elohim notre Dieu, tomber morts avec leurs victimes et arroser de leur sang cet autel vénéré non seulement par les Grecs, mais par les nations les plus barbares. On voit ce sang couler en ruisseaux, des corps morts des sacrificateurs, des fidèles, des profanes, des étrangers et des Juifs dont ces Lieux saints sont remplis! »

— Misérable et infortunée ville! s'écria le César, quelles calamités t'attendent et quels gouffres vont s'ouvrir sous tes pieds! Parle, vieillard, d'autres douleurs ont-elles encore fondu sur ce malheureux peuple?

— Oui, seigneur.

— Et lesquelles?

Le vieillard étendit la main dans la direction des enceintes du Temple.[1]

— Regardez ces ruines! dit-il, ce sont celles des greniers d'abondance de la ville. Il y avait là une telle quantité de blé amassé que Jérusalem avait de quoi en vivre pendant plusieurs années de siège. Cette destruction affreuse est due à la rage de nos factions, elle a anéanti nos ressources de bouche et fait un seul et perpétuel champ de bataille du camp de Jean et de celui de Simon. D'autres greniers sont pleins, mais combien inférieurs à ceux-ci!

« Ah! Seigneur, si vous pouviez entendre les voix des opprimés qui s'élèvent de Sion ensanglantée, les cris des mères, des vieillards, des enfants, vous seriez étonné d'apprendre que ceux-ci vous attendent presque comme un Messie!

---

(1) On verra plus loin quel gigantesque monument était ce Temple qui contenait un grand nombre de soldats et fut le théâtre de tant et de si grandes luttes.

» Et chaque jour, leurs plaintes en font des victimes, car, quiconque est soupçonné de vouloir se rendre aux Romains, est massacré à l'instant même. »

— Quelles sont donc ces tours de bois que l'on aperçoit dominant certains points du Temple?

— Ce sont, répondit le vieillard, des travaux de défense exécutés par Jean de Giscala contre Eléazar, avec l'immense quantité de bois de cèdre que le roi Agrippa avait fait venir à grands frais du Liban, pour construire, sur l'avis des sacrificateurs et conformément au désir du peuple, des arcs-boutants capables de soutenir le Temple qu'on voulait surélever de vingt coudées. Ces tours sont à peine achevées et Jéhovah-Elohim qui ne peut que maudire les travaux sacrilèges, ne permettra pas, sans doute, qu'elles le soient.

— Sans doute, dit Titus pensif. Mais, reprit le César, tu n'as pas achevé l'histoire des tours d'Hérode.

— Il me reste à vous dire, seigneur, que la tour de Mariamne fut ainsi nommée du nom de la femme du roi, la reine Mariamne. Cette tour a vingt coudées de longueur, autant de largeur et cinquante-cinq de hauteur. C'est une merveille, car, quelque magnifiques que soient les autres, leurs appartements ne sont pas comparables à ceux que l'on admire dans celle-ci parce que ce prince pensa que, comme celles qui portaient le nom de deux hommes étaient beaucoup plus fortes, celle qui portait le nom d'une femme et d'une si grande princesse, devait être de beaucoup plus somptueuse et plus ornée.

« Et, en effet, seigneur, dit le vieux sacrificateur avec fierté, ces tours sont des merveilles, tant par leur forme que par leur matière, car les pierres qui les composent sont des blocs de marbre blanc de vingt coudées de longueur sur cinq de hauteur, si bien taillées et si bien jointes que l'on ne peut en découvrir les liaisons, de sorte que le tout semble n'être que d'une seule pièce.

» Elles sont jointes, du côté du septentrion, par un palais royal qui surpasse en beauté tout ce qu'on peut imaginer et dont les appartements sont si superbes que les salles destinées aux festins peuvent contenir chacune cent de ces lits sur lesquels on s'étend pour manger à table.

» Les marbres précieux, les bois rares y sont prodigués; tous les lambris éclatent d'or et d'argent ainsi que les meubles. Les portiques à colonnes en sont superbes et renferment des jardins merveilleux pleins de promenades, de fontaines, de viviers, de statues et de volières où s'ébattent les oiseaux aux vifs coloris. »

— Et le Temple, dit Titus, décris-moi ce Temple dont l'éclat m'éblouit et qui est célèbre dans tout l'univers comme la première merveille du monde.

— Vous le voyez, seigneur, dit le vieux juif avec un soupir, sur cette montagne dont la rudesse première et naturelle est aujourd'hui revêtue de splendeur!

« Quand le roi Salomon le bâtit il augmenta du côté de l'Orient la superficie de la montagne trop étroite, alors, pour un aussi vaste édifice. Cet espace s'accrût encore avec le temps car le peuple, sans cesse, y porta des terres pour élargir le plateau sacré de Sion.

» Ce souci fut si vif et si constant que l'on finit par environner la montagne d'un triple mur et ce travail séculaire fut si gigantesque que tous les trésors du Temple y furent toujours engloutis, à mesure qu'ils arrivaient, apportés par tous les peuples du monde, qui venaient y adorer Jéhovah Elohim notre Dieu.

» Il suffit, seigneur, pour vous donner une idée de la grandeur de cette entreprise, que vous sachiez qu'outre le circuit d'en haut, on éleva de trois cents coudées, et plus, en quelques points, la basse partie du Temple.

» Mais l'excessive dépense de ces fondations ne paraissait pas parce que ces vallées sont, depuis, comblées et nivelées.

» Merveilleuses bases sur lesquelles on bâtit la merveille de l'univers !...

» On y construisit une double galerie soutenue par des colonnes de marbre blanc d'une seule pièce de vingt-cinq coudées de hauteur et dont les lambris de bois de cèdre sont si parfaitement beaux, si bien joints et si bien polis, qu'ils n'ont pas besoin, pour enchanter la vue, de peintures ni de sculptures.

» La largeur de ces galeries est de trente coudées, leur longueur est de dix stades[1] et elles se terminent à la tour Antonia.

» Tout l'espace découvert est pavé de diverses sortes de pierres et le chemin par lequel on se rend au deuxième Temple, est orné, à droite et à gauche, d'une balustrade de pierre de trois coudées de hauteur et d'un beau travail.

» De loin en loin, des colonnes de marbre portent des sentences en caractères grecs et romains, pour commander la retenue et la pureté et informer les étrangers que l'accès du sanctuaire leur est interdit.

» Ce second Temple porte, en effet, aussi, le nom de SAINT. On y monte, du premier, par quatorze degrés, il est quadrangulaire et enfermé par un mur dont le dehors, qui a quarante coudées de hauteur, est garni de degrés conduisant à un espace de trois cents coudées, tout uni, qui va jusqu'au mur intérieur, haut de vingt-cinq coudées.

» Cinq autres degrés mènent ensuite au second Temple dont les dix portes regardent : quatre le septentrion, quatre le midi et deux l'Orient. »

(1) Le stade était une unité de distance adoptée dans l'antiquité. Les stades les plus célèbres étaient ceux d'Olympie, de Delphes, de Thèbes et d'Epidaure et le stade panathénaïque d'Athènes. Le stade d'Olympie avait six cents pieds grecs (cent quatre-vingt-quatre mètres quatre-vingt-dix-sept centimètres.) Cette longueur devint, pour toute la Grèce, l'unité de mesure itinéraire et fut aussi adoptée par les Romains, principalement pour les distances marines et astronomiques.

— Admirable édifice! répétait le César avec un enthousiasme non dissimulé, superbe merveille! tandis que ses
yeux ne se lassaient pas d'en contempler, au soleil, les toits
ruisselants d'or.

— De ces dix portes, continua le lévite, il y en a neuf
toutes couvertes, jusqu'aux gonds, de lames d'or et d'argent et
la dixième, qui est hors du Temple, est de bronze de Corinthe,
plus précieux, encore, que l'or et l'argent. Leur hauteur est
de trente coudées.

« Lorsqu'on entre dans le Temple, noble César, on
trouve, à droite et à gauche, des salles carrées soutenues, chacune, par deux colonnes. Le portique corinthien de l'Orient,
réservé aux femmes et opposé au portique même du Temple,
surpasse les autres en magnificence, car il a cinquante coudées de hauteur; ses portes en ont quarante et les lames d'or
et d'argent dont elles sont couvertes sont plus épaisses que
celles dont Alexandre, père de Tibérius, avait fait couvrir
les neuf autres.

» Quinze degrés conduisent, du mur qui sépare les femmes
des hommes, jusqu'au grand portail du Temple et il en faut
monter vingt pour aller gagner les autres portes. »

— Et tout cela n'est encore, en quelque sorte, que le
vestibule du véritable Temple?

— Oui, seigneur. Ce lieu Très Saint consacré à Jéhovah
Elohim, notre Dieu, est placé au milieu, et vous en apercevez
le faîte étincelant.

« On y monte par douze degrés qui mènent au frontispice
haut de cent coudées et large d'autant, mais profond de
soixante seulement, parce que, par devant, de chaque côté de
l'entrée, s'étendent deux ailes comme des bras ouverts pour
appeler les peuples à l'adoration.

» Le premier portique n'a point de portes parce qu'il
symbolise le ciel visible et ouvert à tous. Tout le devant en
est revêtu d'or et il laisse voir l'intérieur du Temple qui en

ruisselle aussi, au point que l'œil ne peut le contempler sans en être ébloui. »

— Vieillard, dit Titus étonné, ce sanctuaire est vraiment une merveille!

— Oui, seigneur; il est divisé en deux parties et la porte intérieure est toute revêtue de lames d'or ainsi que les murs décorés de pampres de vigne de la hauteur d'un homme d'où pendent des raisins, le tout en or fin.

« L'autre partie du Temple, la plus basse, a des portes tout en or pur, de cinquante coudées de hauteur sur seize de largeur, voilées par un tapis babylonien de même taille, où le lin, l'azur, la pourpre et l'écarlate, figurant les quatre éléments, par leur couleur et leur matière originelle, se mêlent intimement pour faire une couleur fondue et insaisissable sur laquelle est figuré l'ordre entier du ciel.

» Cette partie est encore divisée en deux autres égales. Dans la première, se trouve le candélabre d'or à sept branches, portant sept lampes figurant les astres que Jéhovah-Elohim a lancés dans l'espace en compagnie de notre monde, œuvre de ses mains sacrées! On y voit la table des pains de proposition où douze pains, perpétuellement placés, rappellent aux hommes que le Seigneur, notre Dieu, a mis dans le Ciel douze signes fixes qui mesurent les années de notre vie et nous servent à fixer les époques sacrées où nous devons rendre gloire à son saint nom.

» On y voit encore l'autel des encensements qui reçoit treize sortes de parfums qui signifient que c'est de Dieu que procèdent toutes choses, qu'elles lui appartiennent et doivent lui retourner.

» Enfin, l'autre partie du Temple la plus intérieure est de vingt coudées. Un voile la sépare aussi de l'autre; non seulement l'entrée en est interdite à tout le monde, mais il n'est même pas permis de la voir.

» C'est le Sanctuaire ou le Saint des Saints.

» A l'entour, s'élèvent plusieurs bâtiments à trois étages qui communiquent entre eux et par chacun des côtés du grand portail.

» Rien, seigneur, dans l'intérieur comme à l'extérieur du Temple qui ne soit de nature à ravir les yeux d'admiration et à frapper l'esprit d'étonnement, car il est tout couvert de lames d'or si épaisses qu'elles ne peuvent souffrir des injures de l'air et que le soleil est moins éblouissant, dans ses rayons, que leur splendide ensemble.

» Toutes les parties qui ne sont pas couvertes d'or n'en sont, néanmoins, pas moins riches, car les pierres qui les composent en sont si blanches et si éclatantes que cette masse superbe paraît, de loin, une montagne de neige immaculée.

» Toute la couverture, est, comme vous le voyez, hérissée de pointes aigues, et ces pointes sont d'or ; c'est afin que les oiseaux ne puissent s'y poser et la souiller.

» Quant à l'autel qui est devant le Temple et sur lequel des sacrifices sont offerts perpétuellement au Seigneur, notre Dieu, le marteau n'y a point touché lorsqu'on l'a construit.[1] Une balustrade superbe, de pierre choisie, environne cet autel et le Temple, et sépare le peuple des ministres du sacrifice ; nul étranger et nul impur ne peuvent la franchir.

» Voilà, seigneur, quel est le Temple de Jéhovah Elohim, notre Dieu, citadelle de Sion et merveille de l'univers !

» Hélas ! des ennemis l'occupent, d'autres le menacent ! Les parvis augustes sont souillés par le meurtre, la discorde et le sang, la majesté d'Elohim est outragée, chaque jour, par ses propres enfants ; que sera-ce si les Romains portent sur son autel la destruction et la ruine !... Seigneur, songez-y, l'univers vous demande la conservation de cette merveille

____

(1) D'après l'historien Josèphe, sacrificateur et de famille sacerdotale, auquel nous empruntons ces détails, comme le mieux informé.

et les bénédictions de Dieu se répandront sur celui qui sauvera la splendeur de sa Maison! »

— Rassure-toi, veillard, dit Titus avec bonté, il ne sera pas dit qu'un César romain aura profané un chef-d'œuvre de l'art; ton Temple, je te le jure, sera conservé.

A ces paroles, le vieux lévite se jeta à genoux et, remerciant Titus, rendit gloire à Dieu dans un cantique jailli de son cœur consolé.

VI

Pendant que le vieillard priait, le César achevait l'examen du panorama de la ville que son regard embrassait, des hauteurs de la colline, et, comme complément aux renseignements qu'il venait de recevoir de la bouche du vieux sacrificateur, il admirait, lui-même, et calculait la force de la fameuse citadelle Antonia assise, menaçante, dans l'angle que formaient les deux galeries du premier Temple qui regardaient l'occident et le septentrion.

Bâtie par Hérode, sur un roc de cinquante coudées de hauteur, elle était aussi inacessible que magnifique.

Il avait, en effet, fait incruster de marbre ce rocher, du pied jusqu'au sommet, aussi bien pour l'illustrer de splendeur que pour le rendre si glissant qu'il fût impossible de l'escalader ou d'en descendre.

Titus avait entendu parler de l'aménagement intérieur, somptueux, de cette tour qui contenait tant de logements, de bains et de salles immenses qu'elle était un véritable palais avec des dépendances si importantes qu'on l'eût prise, volontiers, pour une petite cité.

Pour le moment, le César n'en considérait que le circuit

qui lui donnait la forme d'une tour, accompagnée de quatre autres placées à des distances égales les unes des autres. Du haut de celle qui regardait le midi et l'orient on pouvait voir et surveiller tout ce qui se passait dans toute l'étendue du Temple.

La tour Antonia était la véritable citadelle du Temple, comme le Temple était la citadelle de la ville.

Les Romains, de tout temps, y avaient maintenu une garnison qui avait mission de s'assurer de la ville et du Temple et de tenir tous les partis juifs dans l'obéissance.

Par ordre de leur général, les quelques cavaliers qui l'avaient suivi s'étaient hâtés, pendant qu'il interrogeait, lui-même, le vieillard, de parcourir en éclaireurs toutes les parties des faubourgs accessibles aux chevaux, afin de reconnaître l'état des lieux et les travaux de la défense.

Un calme absolument plat régnait sur les remparts, on n'eut pas dit qu'une ville en état de siège préparait sa défense au milieu des convulsions intestines et de l'anarchie bruyante.

Les soldats romains revenaient vers leur chef lorsque, soudain, une des portes de la ville s'ouvrit; des éclats de trompettes déchirèrent l'air matinal et une armée de juifs s'élança au pas de course, en brandissant les armes et en poussant des cris tumultueux contre les cavaliers romains étrangement surpris d'une si brusque sortie et d'une si violente attaque.

Oubliant le vieillard dont le cheval s'enfuit en hennissant, Titus vola se mettre à la tête de ses soldats, déjà dans la mêlée.

La vaillance romaine et le bon ordre des soldats de l'Empire, finit par triompher, en cette sanglante escarmouche, du désespoir et de l'impétuosité des Juifs.

Peu à peu, les soldats d'Israël furent repoussés vers les portes et ils rentrèrent dans la ville en apercevant une légion qu'une estafette était allée prévenir et qui arrivait au secours du César.

Quelques cadavres jonchaient le sol sanglant sur lequel râlaient des blessés.

. . . .

« Seigneur ! seigneur ! disait le vieillard prosterné, prends pitié de Ton peuple selon Ta grande et inépuisable miséricorde ! Efface ses iniquités et couvre-les des flots de Ton pardon ! Nous connaissons notre péché et notre iniquité crie contre nous ! Les holocaustes ne Te sont plus agréables, mais Tu nous aspergeras avec l'hysophe symbolique et nous redeviendrons à Tes yeux plus blancs que la neige. Ne nous rejette pas de Ta Face et ne nous enlève pas Ton Esprit. Abaisse Ta miséricorde sur Jérusalem et préserve les murs de Sion ! Alors, Tu recevras le sacrifice de la Justice, les oblations et les holocaustes Te seront, de nouveau, d'agréable odeur et nous immolerons des victimes sur Ton autel vénéré ![1] »

Et, dans le silence rétabli, une voix douloureuse cria, sur les remparts, la mélopée farouche du désespoir, en annonçant la ruine de Sion.

C'était Jésus, fils d'Ananus, qui passait, en lançant au vent son habituelle et triste lamentation :

— « Maheur à Jérusalem !... Malheur au peuple !... Malheur au Temple !... Malheur ! Malheur à Sion ! »

. . . .

(1) Ps. 50. Paraphrase.

Oui, seigneur, c'est là que Simon, l'un des chefs des factieux juifs
qui désolent Jérusalem par la guerre civile, s'est retranché. (P. 35.)

DEUXIÈME PARTIE

LA TEMPÈTE.

I

LE TRONE DE CÉSAR ET LA CHAIRE DE PIERRE.

Pendant que la Judée était le théâtre d'aussi tragiques événements, l'Eglise de Jésus-Christ respirait et jouissait, après tant de douleurs, d'un temps de repos bien gagné.

L'empire romain venait d'entrer, avec la mort de Néron, dans cette phase de son histoire, prélude de sa décadence, dont le signe morbide fut l'instabilité, subitement capricieuse, du trône des Césars.

La mort de Néron avait causé une révolution, ou plutôt avait été marquéé par une révolution profonde dans l'Etat et un bouleversement complet dans sa constitution qui, tout à coup, devint militaire, lorsque l'élection des Césars tomba au pouvoir des légions.

Jusque-là, la dignité impériale s'était maintenue dans la famille d'Auguste, par une sorte de droit tacite de succession.

Le sénat et les prétoriens, sans doute, avaient ajouté quelque force à ce droit, mais l'élection, enfin, était restée attachée à la ville éternelle et au sang du premier des Césars.

Usurpée par les légions, elle produisit des révolutions considérables; elle multiplia les guerres civiles et engendra des causes de destruction. L'armée nommant son maître et ne le recevant plus de la volonté des sénateurs et des dieux, méprisa bientôt son ouvrage.

Les barbares qui s'introduisaient dans ses rangs tous les jours, s'accoutumèrent à créer des empereurs.

Bientôt, ils allaient se lasser de donner le monde, et le garder pour eux.

Mais, en attendant, toutes les tyrannies allaient fondre sur l'Empire, dans la diversité de race et de nationalité des élus de la pourpre.

En Néron s'était éteinte la famille d'Auguste.

Galba qui, proclamé par les légions de la Gaule prit, un moment, l'héritage de Néron, était encore de race princière, mais, après lui, apparut une nouvelle sorte d'empereurs.

Galba, Othon et Vitellius allaient passer. Ils n'allaient avoir que juste le temps de mettre la pourpre sur leurs épaules pour l'en voir tomber aussitôt.

Quand Galba arriva à Rome, on le trouva trop vieux. Déjà, Othon soulevait les prétoriens; les séditieux assaillirent le vieil empereur au milieu du Forum; il tendit la gorge à ses assassins, en leur disant :

— Frappez, si ma mort est utile au peuple romain!

Sa tête tomba, elle était chauve. Un soldat, pour la porter, l'enveloppa dans un linge.

Othon avait désiré la pourpre, non pour l'Empire, mais pour le plaisir.

Sans fermeté, ni force pour en jouir et pour vivre, il n'eut que le courage de mourir.

Ses soldats ayant été vaincus par ceux de Vitellius, il se coucha, dormit tranquillement et, à son réveil, se perça d'un coup de poignard.

Vitellius s'empare de la pourpre et place la bonne chère

au premier rang des vertus impériales. Trahi par les prétoriens, il brise leur pouvoir et, bientôt, Primus, premier officier de Vespasien, s'élève contre lui, et Rome, ensanglantée par les combats, voit s'entr'égorger dans ses murs les légions gauloises, illyriennes et germaines qui ne déposent leurs glaives que pour prendre la coupe de l'orgie.

Vitellius fuit avec son cuisinier et son boulanger. Il rentre dans son palais désert et, affolé de peur, va se cacher dans la loge d'un portier où les chiens se précipitent sur lui et le mordent. Il se barricade avec le lit du portier mais les soldats arrivent, découvrent l'empereur et l'emmènent. Les mains liées derrière le dos, la corde au cou, les vêtements en lambeaux, les cheveux en désordre, Vitellius est traîné le long de la Via Sacra. On insulte sa face rouge de vin, son fort embonpoint, sa marche chancelante. On l'appelle incendiaire, gourmand, ivrogne, on l'accable d'ordures, on lui attache une épée sur la poitrine, la pointe sous le menton, pour l'obliger à lever la tête que la honte lui faisait baisser. Il voit ses statues renversées dont les inscriptions portaient qu'il était né pour le bonheur et la concorde des Romains. Enfin, après l'avoir accablé d'outrages et de tortures, on l'achève, on jette son cadavre dans le Tibre et sa tête est promenée au bout d'une pique. Il passait ainsi du triclinium à l'égoût.[1]

Pendant ce temps-là, le vent de la révolte bouleversait les provinces de l'Empire et menaçait les frontières.

Enfin, Vespasien est proclamé empereur et le peuple romain applaudit, car il l'aimait; sa main ferme saisit les rênes du pouvoir.

Mais, déjà, le trône des Césars voit s'élever lentement contre lui la chaire de Pierre, arche sainte qui contient l'espoir de l'Evangile et la rénovation du monde, et, déjà, la

---

(1) Chateaubriand. *Etudes historiques.*

barque du Pêcheur apparaît insubmersible sur les flots que soulève la tempête.

Partout s'affirme l'organisation de l'Eglise. Le monde entier reçoit des missionnaires apostoliques et la succession des évêques sur les grands sièges, relève de la chronologie et de l'histoire.

Déjà, aussi, hélas! la prophétique et prévoyante parole[1] du Christ se réalisait, et les flots de l'erreur et de l'hérésie commençaient à battre l'arche sainte du Testament Nouveau dont Lin, successeur du glorieux Pierre, avait reçu les clefs et le commandement après que Simon le magicien fut foudroyé à la prière de Pierre et de Paul, alors qu'il essayait d'escalader le ciel, en un jour de satanique triomphe et d'audacieuse imposture; les Ebion, les Ménandre se créaient des partisans d'erreur, dont les uns niaient l'éclatante divinité du Christ, les autres, prenaient parti pour un seul évangile à l'exclusion des trois autres ou opposaient l'un à l'autre, dans leur doctrine ou dans leurs actes, les deux illustres et saints apôtres Pierre et Paul; ils ne comprenaient pas que la différence d'aspect de ces deux colonnes magistrales de l'Eglise chrétienne, avait été voulue par la Providence pour la solidité inébranlable de la Foi et l'harmonie même de la Révélation nouvelle.

Puis, c'était Cérinthe qui s'élevait, médiateur sans pouvoir et sans mandat pour un accord impossible et sans base des dissidents, inventant, pour les besoins de sa cause, d'absurdes compromis entre le mystère impénétrable du Dieu fait Homme et la raison humaine dont le seul rôle devait être d'adorer sans comprendre.

Toutefois, il faut le savoir, ces hérésies étaient nées hors de l'Eglise et propagées par des hommes qui n'avaient pas de réelle communion avec Elle.

---

(1) « Je ne suis pas venu pour apporter la paix, mais la guerre. »

Mais une autre erreur allait s'élever en elle-même propagée par Nicolas dont la faute s'aggravait de sa qualité de diacre, ayant reçu les ordres sacrés, des mains mêmes des Apôtres.

Déjà, Pierre et Paul avaient engagé de terribles luttes contre ce poison subtil et ils avaient toujours eu grand soin de prémunir les fidèles contre les séductions possibles et trop à craindre.

Jude, autrement dit Thaddée,[1] avait déjà pris soin de leur écrire une lettre mémorable[2] pleine de la plus pure doctrine et des plus saints conseils, et il avait envoyé cette lettre à Corinthe avec cinq légats nommés : Claudius, Ephébe, Valérius, Vito et Fortunatus afin que, par leur zèle, leur prudence et leur sagesse, ils travaillâssent à calmer les dissensions et à rétablir dans cette église tourmentée, la tranquillité et la paix.

Cette lettre arriva à Corinthe, écrite après la mort de Néron et l'apaisement de la persécution, peu de temps avant le siège de Jérusalem.

Déjà, Pierre avait envoyé dans les Gaules des délégués apostoliques avec le titre d'évêques. Trophime était venu à Arles, Saul à Narbonne, Martial à Limoges, Austremoine à Clermont, Gastien à Tours et Valère à Trèves.

Luc, le saint évangéliste, avait porté la prédication de la Bonne-Nouvelle, en Dalmatie, en Italie, et il était aussi venu en Gaule, en même temps que Crescent, disciple du grand Paul, et Philippe, le diacre, qui avait converti l'eunuque de la reine d'Ethiopie.

La Gaule méridionale avait vu Lazare et ses deux illustres sœurs, Marthe et Marie-Madeleine, lui annoncer Jésus-Christ, en compagnie de Maximin, un des soixante-

---

(1) S. Jude était appelé Thaddée ou Lebée.
(2) Rapportée tout au long par Rohrbacher. *Hist. Univ. de l'Egl.*, t. II.

douze disciples que Jésus avait, jadis, choisis sur la montagne.

Et la Provence a conservé ces noms vénérés et glorieux, dans son cœur.

A Rome, Lin, le deuxième pape, et Clet, le troisième, poursuivaient activement l'organisation de la ville impériale, en quartiers ecclésiastiques, continuant ainsi et sur les mêmes bases, l'œuvre commencée par saint Pierre et que la prodigieuse activité du Prince des Apôtres avait déjà assise sur des fondements si solides.

Et, certes, Jésus bénissait, des splendeurs de son trône éternel, ces infatigables travailleurs de la Vérité qui mettaient si bien en pratique l'ordre qu'il leur avait donné, en leur disant :

« Allez, enseignez toutes les nations! »

Des apôtres même de Jésus-Christ, la plupart étaient déjà morts à Rome ou en Judée ou dispersés dans les pays lointains.

L'un des plus illustres, le plus aimé, restait à peu près seul, comblé d'années, débordant de bonté et rayonnant de sagesse.

C'était Jean qui, pendant la Cène, avait reposé sur la poitrine du Sauveur, Jean qui, à la prière de l'Eglise universelle, venait d'écrire son évangile et dont la voix allait bientôt retentir, par ordre du Saint-Esprit, pour proclamer l'Apocalypse de Dieu.

II

L'ANXIÉTÉ DE SCHÉMOUEL-BEN-JOAKIM.

Quand le vieillard sortit de sa prière, il leva la tête, étonné du silence profond qui avait succédé au tumulte du combat.

Les Juifs étaient rentrés dans la ville dont ils avaient fermé soigneusement les portes ; le calme était rétabli sur les murailles où quelques soldats, à peine, circulaient en montant la garde.

Rentrer dans Jérusalem ?

Schémouel-ben-Joakim comprit bientôt qu'il n'y fallait pas songer.

Poursuivre son voyage à travers la campagne ?

Il l'eut voulu mais, déjà, les Romains instruits par l'échec qu'ils venaient de subir, quoique de moindre importance, mobilisaient leurs forces et occupaient les alentours, enserrant la ville d'un cercle de fer, désormais infranchissable sans danger.

Sans perdre de temps, en effet, les pionniers romains répandus dans les faubourgs, travaillaient déjà à aplanir tout l'espace qui s'étendait jusqu'aux murs de la ville.

Ils abattaient les clôtures et les haies qui fermaient les

jardins et les héritages, coupaient tous les arbres qui s'y rencontraient sans en excepter même ceux qui portaient du fruit.

Avec une activité sans pareille, ils remplissaient de tout ce que leurs mains pouvaient arracher, tout ce qui était creux, comblaient les fossés, taillaient les rochers, et, sans relâche, s'occupaient à égaliser tout ce qui se trouvait depuis Scopos jusqu'au sépulcre d'Hérode et l'étang des serpents, autrefois appelé Béthara.

Rien ne saurait donner une idée de l'activité déployée par les Romains, de la méthode et de l'art avec lesquels ils accomplissaient leurs travaux gigantesques, en peu de temps, grâce à une discipline sévère et à un nombre immense de travailleurs.

— Jérusalem! s'écria alors le vieillard, quel sera donc l'horreur de ton sort! Les douleurs néfastes de Babylone vont-elles de nouveau fondre sur toi!.... Pourquoi le SEIGNEUR a-t-il retiré de toi son regard et d'où vient que sa bonté paraît lasse et sa vengeance déchaînée?... Le jour des lamentations est donc arrivé! L'heure des deuils sanglants a donc sonné! Mais, ô SEIGNEUR, TOI qui n'a jamais châtié ton peuple, pour le maudire, mais seulement pour l'éprouver et rappeler à Israël la majesté de l'ETERNEL SON DIEU, je ne suis pas de ceux qui croient que ces épreuves seront stériles et vaines et j'espèrerai toujours que, n'y eut-il ici que des ruines fumantes, ta gloire éternelle, ô JOHAH-ELOHIM, n'abandonnera point la terre de ta promesse et continuera à resplendir sur Sion rénovée!...

Cependant, il fallait prendre un parti; placé entre deux dangers également grands, entre deux retraites également coupées et périlleuses, le vieillard qui s'était décidé à grand peine à quitter Jérusalem, pour attendre en paix, dans la campagne de Pella, que le temps des grands troubles fût passé, regardait d'un œil attristé son pauvre bagage bien léger et si lourd, pourtant, pour ses débiles épaules.

Enfin, il parut prendre une héroïque résolution, après avoir soigneusement inspecté l'horizon. Il remarqua que les troupes de César n'avaient point envahi la partie de la banlieue dont les vallées impénétrables renfermaient des rocs inaccessibles aux troupes et presque inabordables à des pas humains.

Résolument, après avoir chargé sur ses épaules sa misérable balle formée d'un sac en peau de chèvre contenant quelques hardes et de rares provisions de bouche, il se dirigea péniblement vers ces lieux désolés, sans espoir d'y pouvoir vivre, mais gardant, au moins, l'espérance d'y trouver un tombeau paisible, loin du carnage et du sang, à l'abri du tumulte et de la fureur des hommes, si le Seigneur ne voulait pas accorder à sa vieillesse de revoir la paix refleurir un jour en Judée et la splendeur du culte briller de nouveau en Sion.

Le soleil s'était couché derrière les montagnes, et l'ombre du soir avait envahi la plaine et répandu son silence sur la ville et le camp des Romains dont les tentes apparaissaient, éclairées de loin en loin par des feux de bivouac qui faisaient briller par intermittences les casques des sentinelles.

Le vieillard marchait toujours.

Les sentiers écartés qu'il suivait étaient connus de lui seul et son pas incertain, tantôt en gravissait les pentes abruptes et périlleuses, tantôt en descendait les sinuosités capricieuses et rapides.

De temps en temps, il cotoyait des abîmes où des pierres, en roulant, évoquaient de sinistres échos.

La plupart du temps, la roche nue ne présentait sur son flanc qu'effritait le lent travail des âges, aucun signe de végétation.

De loin en loin, quelques maigres dattiers dont le vent avait apporté la semence, en un jour de tempête, inclinaient leurs feuillages brûlés par un soleil de feu et dont une terre insuffisamment profonde ne pouvait alimenter la vie.

Enfin, la nuit avait presque parcouru la moitié de sa course lorsqu'il arriva sur un étroit plateau où l'on entendait des bruissements légers.

Il avait trouvé l'oasis qu'il cherchait.

Là croissaient quelques figuiers, parmi des nopals et des cactus. Quelques dattiers offraient, à portée de la main, de lourdes grappes de fruits mûrs qui luisaient, comme des grains d'ambre aux rayons de la lune, dont le disque d'argent se mirait dans une nappe d'eau claire, citerne naturelle que les pluies alimentaient et où les gypaëtes venaient, parfois, se désaltérer et reposer leur vol tournoyant et fauve.

Un soupir profond sortit de la poitrine du vieillard. Il déposa son fardeau au bord de la citerne ; se jetant à genoux, il se couvrit la tête de son bras gauche, selon la coutume juive et il pria :

« Jéhovah est connu dans la Judée, son Nom est grand dans Israël ! Son Tabernacle est dans Jérusalem et sa demeure est dans Sion !

» C'est là qu'il brisera les flèches, les arcs, les boucliers et les épées et qu'il fera cesser la guerre.

» Vous êtes grand et illustre, Seigneur, au-dessus des montagnes pleines de brigands.

» Votre colère, ô Dieu de Jacob ! frappera d'assoupissement ceux qui sont montés sur les chariots et sur les chevaux.

» Vous ferez entendre, du ciel, le bruit de votre jugement, vous vous lèverez pour sauver tous les humbles de la terre.

» La rage de l'homme tournera à votre gloire et vous vous servirez, comme d'une arme, de ce qui lui restera de fureur.

» Que ceux qui entourent le sanctuaire du Seigneur lui apportent des présents, car Il est le Dieu terrible qui fauche la vie des princes et fracasse les trônes des rois de la terre![1] »

Ayant ainsi prié, il ouvrit son sac, étendit sur la terre une couverture en poil de chameau, cueillit des fruits aux branches penchées des palmiers et mangea ; puis, recueillant de l'eau claire dans une coupe de bois, il se désaltera à longs traits.

Ayant ainsi fait, épuisé de fatigue, il s'enveloppa dans son manteau et s'endormit, bercé du doux espoir de trouver, le lendemain, en ce lieu silencieux et loin du tumulte des hommes, une grotte où il pourrait vivre solitaire, comme les Assayas des rochers désolées de l'antique Engaddi.

(1) Psaume 75.

III

PIED A PIED.

Les Romains ne perdaient pas de temps.

Informés par les espions et les transfuges qui, chaque jour, sortaient de Jérusalem pour venir se réfugier dans leur camp, ils savaient que la division la plus violente régnait toujours entre les factieux, présage, pour eux, d'une conquête plus rapide et plus facile.

Les plus vaillants et les plus opiniâtres des factieux, suivaient le parti de Simon; il en commandait ainsi dix mille avec cinquante capitaines.

Cinq mille Iduméens commandés par dix chefs, marchaient, en même temps, sous ses ordres.

Jean de Giscala occupait le Temple avec six mille hommes commandés par vingt capitaines et deux mille quatre cents zélateurs qui, sous les ordres d'Eléazar s'étaient joints à son parti.

Simon était le maître de la ville haute, du plus grand mur jusqu'à la vallée du Cédron, et de l'ancien mur, depuis la fontaine de Siloé, jusqu'à l'endroit où il coudait vers l'Orient.

Il occupait aussi le mont Acra, siège de la ville basse jusqu'à la maison royale d'Hélène.

Sans cesse en lutte, ils ne laissaient de côté leurs haines mutuelles que pour se tourner ensemble contre les Romains, après quoi ils recommençaient à se combattre.

Pendant que Jérusalem gémissait dans les convulsions de ces luttes intestines, Titus faisait ses plans d'attaque.

Mais il était indécis, car, du côté des vallées, la ville était inaccessible et, de l'autre côté, les murailles étaient si fortes qu'aucune machine de guerre n'eut pu facilement les ébranler.

Il jugea que l'endroit le moins fort était vers le tombeau d'un sacrificateur nommé Joannan.

C'était là, en effet, que les murs étaient le moins élevés, mal défendus par le second mur qu'on n'avait pas fortifié, la population étant moindre dans ce côté neuf de la ville.

C'était par là qu'il était le plus facile de prendre la ville haute puis la forteresse Antonia.

Alors, un juif transfuge et ami du César, nommé Nicanor, voyant que ces plans allaient appeler la fatalité de la défaite sur la ville, dit à Titus :

— Permettez, seigneur, qu'avant de rien tenter, je m'approche des murs et que j'essaie de parlementer avec ces forcenés pour les inviter à la paix.

— Soit, dit Titus, si l'on veut t'entendre.

Il s'approcha donc en parlementaire.

— Revenez, leur dit-il, à des sentiments plus conformes à votre situation difficile; évitez-vous de grands malheurs et épargnez à Jérusalem d'immenses tribulations. Faites la paix; oubliez vos luttes intestines et soumettez-vous à César. Il en est encore temps.

Mais, pendant qu'il parlait et que les Juifs, massés sur le mur, l'écoutaient, une flèche partie des remparts, vint le blesser à l'épaule gauche et les assiégés crièrent violemment :

— A mort! le traître! A mort!...

Titus comprit qu'il fallait en venir à la force et que nulle voix ne serait écoutée.

Il permit, alors, à ses soldats de ruiner les faubourgs et d'en prendre les matériaux pour construire des plates-formes; puis, il partagea son armée en trois, distribua les travaux, plaça les frondeurs et les archers au milieu et mit devant eux les machines pour les empêcher d'être interrompu dans leur travail par les efforts des ennemis.

Avec une infatigable activité, on coupa tous les arbres des faubourgs pour construire les plates-formes avec l'aide de toute l'armée tandis que, de leur côté, les Juifs se fortifiaient encore davantage avec une célérité fébrile.

Tous les factieux étant occupés à ces travaux, le peuple respira un peu et, même, il tourna son espoir vers les Romains, attendant presque de l'ennemi sa délivrance et son salut.

Ceux qui avaient suivi le parti de Jean combattaient avec acharnement les assiégeants, pendant que la crainte qu'il avait de Simon, le retenait enfermé dans le Temple.

Simon, pendant ce temps-là, faisait placer sur les remparts toutes les machines prises autrefois sur Cestius, auprès de la forteresse Antonia.

Ces machines lançaient des pierres contre les assiégeants, mais, faute de savoir les manœuvrer, elles ne leur faisaient pas grand mal.

En même temps, les Juifs lançaient des traits et faisaient des sorties furieuses contre les Romains, qui, de leur côté, couvraient leurs pionniers avec des claies et des gabions, et chaque légion avait à sa tête des machines merveilleuses et bien manœuvrées qui produisaient de grands effets.

Celles de la douzième légion lançait de si grosses pierres et qui portaient si loin, qu'elles allaient tuer les défenseurs de Jérusalem jusque sur les remparts.

La portée de ces pierres était de deux stades et leur force

était si grande qu'elles enfonçaient les lignes de combat et tuaient plusieurs rangs de soldats, à la fois.

Les Juifs, d'abord surpris, apprirent à connaître leur trajectoire et à surveiller leur blancheur et, pour les éviter, ils criaient à leur approche :

Voici le fils qui vient! Il prend tel chemin! »

A ce cri, tous se couchaient par terre et les évitaient. Les Romains s'en aperçurent et firent noircir leurs projectiles qui redevinrent meurtriers.

Cependant, aucun danger ne ralentissait l'ardeur des assiégés qui travaillaient nuit et jour à retarder les travaux des Romains.

Ceux-ci, cependant, les achevèrent bientôt, et, ne pouvant mesurer, sans danger, la distance qu'il y avait de leurs terrasses jusqu'aux murailles, ils s'en rendirent compte en lançant un plomb attaché à une corde.

— Mettez les béliers en batterie, commanda Titus, et faites avancer toutes les machines de siège, afin d'entraver les efforts des assiégés et de battre le mur en plusieurs endroits.

Aussitôt, abrités par les tortues[1] les soldats firent avancer les machines de siège, et les énormes béliers à la tête de fer et les massives catapultes aux formidables éperons se mirent à battre furieusement les murailles avec un bruit qui jeta l'épouvante dans le cœur des factieux qui comprirent la nécessité de se réunir pour la défense de la ville.

— Ne voyons-nous pas, se dirent-ils, que, par nos divisions, nous favorisons les Romains. Si Dieu ne permet pas que la paix dure toujours entre nous, du moins, unissons-nous pour la cause commune de la résistance générale et du salut public !

---

(1) On appelait « tortues » des toits portatifs sous lesquels s'abritaient les assiégeants pour approcher des murs sans danger.

Simon, alors, envoya un héraut dire à ceux qui se tenaient dans le Temple qu'ils pouvaient, en toute sûreté, en sortir pour se joindre aux autres et, malgré sa défiance, Jean de Giscala en sentit la nécessité et ordonna à ses soldats d'obéir à ce prudent avis.

Les factieux se réunirent donc en une seule armée, garnirent les remparts et se mirent à lancer une quantité prodigieuse et ininterrompue de traits et de feux contre les machines.

Les plus hardis faisaient de furieuses sorties, montrant par leur valeur et leurs faits d'armes, que la science seule de la guerre leur manquait.

Par leurs efforts, ils arrivaient à ruiner quelques-uns des ouvrages des Romains, à brûler quelques machines et à faire écrouler quelques tours.

De leur côté, les assiégeants battaient les murs sans relâche, mais les murs étaient si forts que des tours s'écroulaient sans qu'ils en fussent entamés.

De chauds combats se soutinrent avec une égale valeur autour de la tour Hippicos et, souvent, le courage désespéré des Juifs fit échec à la tactique savante et à la massive résistance des Romains.

Un grand trouble, même, se répandit parmi ceux-ci à la chute d'une de leurs tours les mieux construites, mais, enfin, on s'aperçut que la tour était tombée d'elle-même, l'assurance leur revint après que Titus en eut fait publier la nouvelle dans tout le camp et le siège reprit avec plus d'ardeur encore.

Les Juifs, fatigués, harcelés, accablés de traits, reculèrent dans la ville, abandonnant le premier mur que les Romains attaquèrent avec plus de vigueur que jamais, et, ne trouvant plus de résistance, battirent en brèche et franchirent.

Peu de temps après, les premiers entrés ouvrirent les portes au reste de l'armée.

Sans perdre de temps, les pionniers abattirent ce premier mur en grande partie, ruinant, par la même occasion,
le quartier du septentrion.

Il avait fallu quinze jours aux soldats de Titus pour
arriver à ce premier résultat décisif.

IV

Le premier succès acquis, Titus campa dans l'endroit appelé « le camp des Assyriens » et occupa l'espace de la vallée du Kidron.

Il n'était éloigné du second mur que d'une portée de flèche et il résolut de l'attaquer.

Les Juifs se divisèrent en plusieurs corps d'armée pour se défendre avec ardeur. Jean de Giscala occupait la forteresse Antonia et le portique du Temple qui était du côté du septentrion, depuis le sépulcre du roi Alexandre. Simon, de son côté, défendait le passage qui était entre le sépulcre du pontife Jean, à la porte des aqueducs qui alimentaient la tour Hippicos.

Souvent, ils faisaient des sorties furieuses contre les Romains qui les repoussaient avec valeur.

Des jours entiers se passaient ainsi et les nuits étaient pleines d'alertes continuelles.

La même ardeur se déployait de part et d'autre. Juifs et Romains étaient pleins d'émulation. Les Romains avides de prouver leur dévouement à Titus n'hésitaient devant aucune fatigue, ne reculaient devant aucun danger.

Le César, en effet, connaissait l'art d'exalter tous les dévouements et savait récompenser tous les courages.

Les Juifs, de leur côté, ne demandaient qu'à tuer des Romains et s'estimaient heureux de mourir à ce prix.

Titus commanda de pointer le bélier contre la tour du côté du septentrion et, en même temps, d'en accabler la garnison de tant de flèches que, bientôt, ceux qui la défendaient furent obligés de l'abandonner.

Cependant, dans la déroute générale, un seul Juif était resté à son poste avec dix autres abrités sous un mantelet, méditant une ruse de guerre.

En effet, lorsqu'ils sentirent la tour s'ébranler et trembler sur sa base, Castor (ainsi s'appelait ce Juif) se montra et, tendant les bras à Titus, lui dit d'une voix lamentable :

— O Titus! magnanime général! je t'en supplie, épargne-nous et pardonne-nous! Nous sommes prêts à nous rendre à toi!...

Titus fut touché de pitié.

— Cessez! commanda-t-il à ses soldats et ne tirez plus contre ces hommes qui demandent merci?...

Aussitôt, la pluie de flèches cessa et les béliers qui battaient les murs s'arrêtèrent.

— Que veux-tu? demanda Titus, parle.

— Illustre général, répondit Castor, nous voulons traiter avec toi.

— Très bien! répondit le César. Je suis prêt à vous accorder la paix.

— Vous entendez ce que dit le général romain, cria Castor à ses compagnons, que vous en semble?

— Nous voulons la paix! crièrent cinq de ses compagnons.

Mais, aussitôt, les cinq autres entrèrent en fureur et crièrent comme des forcenés qu'ils mourraient plutôt que de se rendre esclaves des Romains.

Les Romains, intrigués, regardaient cette dispute en silence.

Aussitôt, Castor envoya donner à Simon avis du succès de sa ruse, afin qu'il en profitât sans tarder.

Pendant ce temps-là, les dix Juifs continuaient d'amuser les Romains, en feignant de vouloir mutuellement s'exterminer.

Les soldats de Titus se montraient entre eux ces forcenés. Mais, un d'eux lança une flèche qui blessa Castor au visage.

Celui-ci retira la flèche de la plaie et, la montrant à Titus, lui reprocha durement cet acte d'hostilité contre un homme qui parlementait pour la paix.

Le César se montra irrité de cette action d'un de ses soldats et envoya un de ses officiers nommé Enée, juif de naissance qui était passé au service des Romains, pour parler à Castor.

— Apporte des sacs avec toi! lui cria celui-ci, car j'ai à te remettre des sommes considérables d'argent.

Enée obéit, mais une grêle de pierres l'assaillit immédiatement.

Titus comprit qu'il avait été joué et ordonna de continuer les hostilités.

L'attaque recommença aussitôt avec une telle fureur que la tour ébranlée était sur le point de tomber.

En se voyant perdus, Castor et ses compagnons y mirent le feu et périrent dans les flammes allumées par leurs propres mains.

Au même moment, la tour tombait, offrant aux Romains une brèche dans le second mur.

Cinq jours s'étaient écoulés depuis la chute du premier.

Titus pénétra avec deux mille hommes dans la nouvelle ville dont les rues étaient fort resserrées.

Cette partie de Jérusalem était habitée par des marchands

de laines, des quincailliers, des chaudronniers et des fripiers.

Le César convaincu que, réduits à une telle extrémité, les Juifs ne pouvaient plus qu'implorer sa clémence, et, ne voulant pas les exterminer tout à fait, ne fit pas ruiner les maisons et défendit de tuer les prisonniers. Il permit aux séditieux, s'ils ne voulaient pas la paix, de sortir, en toute sûreté, pour faire librement la guerre, en les priant de respecter le peuple à qui, en même temps, il promettait la libre jouissance de son bien.

Titus, en agissant ainsi, avait un noble but; il voulait conserver le Temple à Jérusalem et la ville à l'empire.

Le peuple applaudit à ce généreux sentiment et acclama le César.

Mais les factieux qui ne respiraient que la guerre et le carnage se répandirent en insultes contre Titus, l'accusant de lâcheté, en même temps qu'ils l'attaquaient furieusement. Obligé de se défendre, le César ordonna de nouveaux combats. Mais, il eut le tort d'abandonner le second mur et perdit ses positions conquises de ce côté.

Enfin, plusieurs jours après, il se rendait de nouveau maître de ce mur; par son ordre, toutes les défenses du septentrion furent ruinées et des gardes remplirent les tours du midi.

Alors, dans l'espoir d'effrayer les Juifs et de les disposer enfin à la paix, il déploya à leurs yeux toutes les forces de son armée, avant d'attaquer le troisième mur.

Par son ordre, les soldats romains paradèrent dans les faubourgs, sous les yeux des assiégés et reçurent leur solde afin de bien montrer que, si les Juifs, déjà, étaient affamés dans une ville sans provisions de bouche suffisantes, les Romains ne manquaient de rien.

Titus ne s'était pas trompé, l'effet produit sur les Juifs par ce spectacle, dépassa son espérance. Ils accoururent en si grand nombre qu'à peine avaient-ils assez de place pour regarder, et un profond étonnement les prit de tant de forces si bien alimentées.

Mais, déjà, ils n'espéraient plus que les Romains pussent leur pardonner d'avoir tant opprimé le peuple et ils ne virent d'autre manière d'éviter le supplice réservé à leur défaite que de mourir les armes à la main.

Titus ne doutait pas un seul instant qu'il se rendrait maître de la place avec une grande facilité; il voulait donc continuer le siège, mais, en même temps, il désirait conserver la ville et, pour arriver à son but, il ne négligeait rien pour engager, sans cesse, les Juifs à se repentir de leurs excès et à demander la paix.

A cet effet, il leur envoya un de leurs compatriotes, ancien sacrificateur en Sion, jadis établi par les Juifs gouverneur de la Galilée, assiégé par Vespasien dans Jotapat, fait prisonnier par le César, puis, mis en liberté par lui et investi de sa confiance, enfin, entièrement passé dans le camp des Romains à la vue de la ruine prochaine et sans espoir à laquelle couraient les Juifs.

Josèphe[1] par l'ordre de Titus, s'avança vers la ville, en fit le tour et monta sur un lieu élevé d'où les assiégés pouvaient l'entendre, mais où il était à l'abri de leurs traits.

— Enfants d'Israël, leur cria-t-il, ayez au moins pitié de vous-mêmes, du Temple et de votre patrie!

« Songez à l'inutilité de la résistance contre des forces bien supérieures aux vôtres. Ne voyez-vous pas que Dieu même favorise les armes des Romains? Maîtres actuels de toute l'étendue du monde, ils le sont, parce que Dieu a décrété que le siège de l'empire universel serait en Italie.

» Vos murailles s'écroulent, vos tours tombent les unes après les autres; déjà, vous êtes forcés dans vos derniers

(1) L'historien même qui nous a laissé la plus véridique relation de ce siège fameux.

retranchements qui vous abritent à peine, et vous avez la folie de vouloir résister encore !

» Mais, tout est contre vous, le ciel, les hommes et les choses !...

» Songez-y, la faim vous guette et ce que les armes des Romains n'auront pas encore fait contre vous, la famine le fera.

» Changez donc d'avis avant de vous voir réduits à la dernière extrémité. L'empire est disposé à vous accorder la paix et à user de clémence envers vous si vous ne le poussez pas aux dernières des extrémités. »

— Veux-tu te taire ! lui crièrent, alors, ceux qui étaient le plus près de lui, transfuge ! misérable ! vendu ! N'as-tu pas honte de renier ta patrie et ton Dieu ! Toi qui étais sacrificateur en Sion ! A mort ! le traître ! à mort !

Et une nuée de traits s'abattit sur le parlementaire qui, fort heureusement pour lui, ne fut atteint par aucun d'eux.

Sans s'émouvoir, il reprit son discours et ses exhortations leur citant les plus illustres exemples à l'appui de ses paroles.

Les reproches surtout, étaient motivés par leurs cruelles divisions et leur occupation militaire du Temple.

— C'est contre Dieu même, leur disait-il, que vous combattez, car vous oubliez que, sans l'appui de Dieu vous ne pouvez rien faire et que vos pères n'ont été grands que parce que Dieu combattait avec eux.

« Quand Necao Pharaon, roi d'Egypte, avec de grandes troupes enleva Sara qui était comme la reine et la mère de notre nation, pensez-vous qu'Abraham son mari et chef de notre race, eut recours aux armes pour venger cette injure, quoiqu'il eut à sa disposition des forces innombrables ? Non ! Il comprit que ces forces étaient inutiles s'il n'était assisté de Dieu et il se contenta de recourir à Lui en élevant ses mains vers ce Lieu Saint que vous avez souillé de tant de forfaits, et la force invincible du Tout-Puissant le secourût.

Sa foi fut récompensée. Le Pharaon lui rendit Sara deux jours après et combla d'or et de bienfaits vos pères respectueux de la majesté divine.

» Vous parlerai-je de l'Egypte et des grâces que Dieu y répandit, en une profusion de merveilles, sur nos pères?

» Quand les Assyriens prirent l'Arche d'Alliance, la colère de Dieu ne tomba-t-elle point sur eux et ne les contraignit-elle pas de la rapporter, au milieu des plus mémorables pompes?

» Quand Sennachérib, traînant après lui toutes les armées de l'Asie, vint assiéger votre capitale, vos pères, au lieu de prendre les armes, n'eurent-ils pas recours à la foi et aux prières? Et n'avez-vous pas vu que, le lendemain à l'aurore, quatre-vingt-cinq mille Assyriens gisaient, frappés de mort par l'ange du Seigneur, tandis que les autres, épouvantés, s'enfuyaient?

» Jamais nos pères n'ont rien entrepris sans le secours de Dieu et Dieu seul leur a dispensé la victoire!...

» N'en avez-vous point d'autres preuves historiques saisissantes?

» Quand Nebouchadnetzar assiégea Jérusalem, le Temple et la ville furent ruinés, ne fut-ce pas parce que Sédécias, notre roi, méprisa les consèils du prophète Jérémie et mit sa confiance en ses armes plutôt que dans la foi au Seigneur!

» Jérémie leur fit, alors, des reproches amers; le tuèrent-ils? Vous, au contraire, vous m'accablez d'injures et me menacez de mort!...

» Quand Antiochus Epiphane assiégea Sion, la même chose n'arriva-t-elle pas pour la même raison? La ville fut pillée et saccagée, le Temple souillé et le service de Dieu interrompu pendant trois ans et demi.

» Que d'exemples! Et vous les méconnaissez!

» Vos divisions et vos crimes ont attiré sur vous les calamités par les armes de Romains.

C'était Jean dont la voix allait bientôt retentir, par ordre du Saint-Esprit,
pour proclamer l'Apocalypse de Dieu. (P. 62.)

» Pompée aurait-il attaqué Jérusalem si Aristobule et Hircan n'eussent allumé entre eux la guerre civile?

» Ne savons-nous pas quelle fût la fin d'Antigone, fils d'Aristobule, et que Dieu permit, pendant son règne, que la servitude nous frappât, de nouveau, à cause de nos péchés?

» Hérode, fils d'Antipater, avec le général romain Sosius, n'assiégea-t-il pas Jérusalem et Dieu ne permit-il pas qu'à cause des impiétés de ses défenseurs, elle fut prise et saccagée?

» Jamais, en de pareilles circonstances, la fortune des armes ne nous a été favorable.

» Aujourd'hui, vos forfaits de toutes sortes, vos péchés particuliers et le péché public ont comblé la mesure de vos crimes, et Dieu vous délaisse et vous abandonne aux plus terribles châtiments et aux plus grands malheurs.

» Vous seuls serez cause de votre ruine!

» O hommes au cœur plus dur et plus insensible que le marbre, qui me reprochez, peut-être, de vous tenir ce langage pacifique pour sauver de cette ruine, ma mère, ma femme et mes enfants qui sont parmi vous, pour vous montrer mon désintéressement, je vous les abandonne, prenez leur vie et prenez aussi la mienne, si vous le voulez, car je serai heureux de mourir, si ma mort peut vous retirer de ce funeste aveuglement qui vous empêche de voir le gouffre ouvert sous vos pas et dans lequel vous allez vous précipiter. »

. . . .

Et, pendant qu'il achevait son discours, des torrents de larmes inondaient son visage, preuve de sa sincérité.

Mais les forcenés ne voulurent rien entendre et continuèrent à l'accabler d'injures.

Cependant, parmi le peuple, beaucoup avaient été persuadés par ces sages paroles; se hâtant de vendre tout ce qu'ils avaient de précieux ils quittèrent en hâte Jérusalem et,

profitant de là permission que Titus leur donnait, se retirèrent loin de la ville, dans des endroits sûrs.

Ce que voyant, Simon et Jean de Giscala entrèrent en
fureur, firent fermer la ville et ordonnèrent de ne plus
laisser sortir les Juifs que leurs soldats tuaient sans pitié
aux portes où ils se pressaient et jusque dans les maisons,
sur un moindre soupçon de fuite.

V

L'AGONIE D'ISRAËL.

Titus attendait, sous sa tente, le résultat de la mission de Josèphe.

Bientôt, celui-ci revint et, à son visage triste et bouleversé, encore baigné de larmes, le César comprit que son ambassadeur n'avait pas vu, malgré ses efforts, le succès couronner son entreprise.

— Eh bien! lui demanda-t-il, quelles nouvelles m'apportes-tu et serons-nous obligés de continuer la guerre?

— Hélas! César, répondit l'ancien gouverneur de Jotapat,[1] toute mon éloquence a été vaine et nul n'a voulu m'entendre parmi les factieux, quoique mes paroles aient rencontré une certaine sympathie dans le peuple.

— Je ferai donc la guerre à ce peuple, jusqu'au bout, dit Titus; la ruine la plus complète s'abattra sur cette ville; ils l'auront voulu! Insensés qui croient pouvoir triompher des armées de l'Empire!...

« Une à une, leurs tours de marbre s'écrouleront; pierre

(1) Jotapat, qu'il ne faut pas confondre avec Josaphat, était une ville forte de la Judée, dont Josèphe avait été gouverneur.

à pierre, leurs murs seront démolis; leurs maisons et leurs palais seront rasés; le Temple, seul, subsistera, car je conserverai cette merveille à l'Empire. Malheureux peuple! peuple insensé! le pain, lui-même, va lui manquer et il espère résister et triompher encore! »

Le général romain savait ce qu'il disait. Les soldats de l'Empire, avides de terminer cette campagne, se remirent au travail avec la plus féconde ardeur.

Ils avançaient sans cesse leurs plate-formes, construisaient des tours d'où ils pouvaient accabler de traits les assiégés, s'occupaient de parer aux coups de main fréquents des Juifs qui faisaient subitement contre eux de violentes sorties et châtiaient sévèrement tout factieux qui tombait entre leurs mains.

Toutes les collines environnant Jérusalem étaient hérissées de croix où les Romains attachaient les rebelles qui se laissaient prendre et la vue de ces supplices avait répandu dans Jérusalem une terreur sans nom.

On crucifia tant de prisonniers et de fuyards que, bientôt, on ne trouva plus ni bois pour faire des croix ni place pour les planter.

Le peuple frémissait de crainte et d'angoisses, mais les factieux redoublaient de morgue et d'insolence et employaient à insulter les Romains, Titus et Vespasien, du haut des remparts, tout le temps qu'ils ne passaient pas à attaquer ou à se défendre.

De jour en jour, la famine augmentait dans la ville et la fureur des factieux croissait avec elle.

Le blé était devenu tellement rare dans les magasins et les greniers publics épuisés, que l'on perquisitionnait dans les maisons dans l'espérance d'en découvrir une poignée pour laquelle, après avoir tué, on se battait et que le plus fort mangeait, sur-le-champ, à belles dents.

On voyait des riches vendre tous leurs biens pour une simple mesure de froment.

Les plus forts, dans les familles, arrachaient la nourriture à la bouche même des plus faibles.

Pour faire avouer à quelqu'un où il avait caché un maigre morceau de pain, il n'était pas de tourments qu'on n'inventât et, par les plus horribles cruautés, les factieux parvinrent à réunir, avec ces débris d'aliments variés, de quoi passer six jours.

Maintenant il n'était plus possible pour personne d'échapper à la mort.

Rester à Jérusalem, c'était mourir de la main des factieux, ou victime de la faim ou du siège; essayer d'en sortir, c'était s'étendre volontairement sur la croix, car les soldats romains crucifiaient tous ceux qui parvenaient à s'échapper de la ville.

Malgré ces horreurs sans nom, les assiégés tenaient encore tête aux Romains, faisaient encore contre eux de furieuses sorties et ruinaient souvent leurs ouvrages avancés, soit par la mine qui en provoquait l'écroulement, ou par le feu qui détruisait les béliers et les catapultes.

Téméraires jusqu'à l'audace, ils allaient même, parfois, attaquer les Romains jusque dans leur camp.

De son côté, l'activité romaine était prodigieuse. En trois jours, les Romains parvinrent à entourer tout Jérusalem d'un mur fortifié par sept tours.[1]

Les matériaux commençaient à faire défaut à leurs pionniers.

Ce mur partait du camp des Assyriens ou Titus avait établi son quartier, et se continuait jusqu'à la nouvelle ville basse; après avoir traversé la vallée du Kidron il gagnait le mont des Oliviers qu'il enfermait, du côté du midi, jusqu'au rocher du Colombier ainsi que la colline qui dominait la vallée de Siloé; il tournait ensuite vers l'Orient et

---

(1) Josèphe. *Guerre des Juifs*.

descendait dans cette vallée, puis il gagnait le sépulcre du grand sacrificateur Ananus, environnait la montagne où, jadis, Pompée avait campé, retournait vers le couchant jusqu'au bourg d'Erebithon, enfermait le tombeau d'Hérode du côté de l'Orient pour se fermer ensuite à l'endroit où il avait commencé, formant ainsi un circuit de trente-neuf stades, et chacun des treize forts de ce mur avait dix stades de circonférence.

Tous les forts étaient gardés par des troupes qui passaient chaque nuit sous les armes.

Titus faisait, lui-même, la première ronde de la nuit, Tibère Alexandre la seconde, et les commandants des légions la troisième.

Pendant ce temps-là, un silence de tombeau planait sur la ville entière et un horrible désespoir accablait le cœur des Juifs que, chaque jour, la faim décimait davantage.

Comme des spectres, ils erraient par les rues et les places, chancelants à chaque pas, sans force même pour enterrer les morts.

Pas une larme ne coulait de leurs yeux desséchés et nulle parole ne sortait de leurs lèvres livides et déjà bleuies par l'infect baiser de la mort!

Seuls les factieux continuaient leurs cruautés, alimentés encore par les derniers débris, fruit de leurs horribles pillages.

La corruption des cadavres abandonnés dans les rues ou remplissant les maisons était insupportable aux vivants.

Ne pouvant enterrer tous ces morts, on les jetait pardessus les murailles et les vallées en étaient pleines, excitant l'horreur des Romains et la pitié de Titus lorsqu'il visitait les forts.

Comme si tant de cruautés et d'horreur n'étaient pas suffisantes, Titus apprit que des Syriens et des Arabes de son armée en exerçaient encore de plus atroces sur ceux qui s'enfuyaient.

Ils leur ouvraient le ventre pour y chercher l'or qu'ils avaient avalé pour l'emporter plus sûrement avec eux et le mettre à l'abri du pillage.

Le César, à cette nouvelle, assembla tous les chefs de ces troupes mercenaires :

— Quoi! s'écria-t-il, est-il donc possible qu'il se soit trouvé, parmi vos soldats, des hommes qui, plus cruels que les bêtes les plus féroces n'aient pas craint de commettre de si détestables crimes, dans l'espoir d'un gain incertain, et n'aient pas eu honte de s'enrichir d'une aussi exécrable façon! Quoi! les Arabes et les Syriens auront l'audace d'être à ce point inhumains et féroces, dans une guerre qui ne les regarde pas, et de rendre les Romains responsables, dans l'histoire, de pareilles énormités!

Devant la juste colère du César, tous les chefs se taisaient.

— Si quelqu'un, poursuivit Titus, a l'audace, à l'avenir, malgré ma formelle réprobation, de commettre de nouveau un acte semblable, j'ordonne qu'il soit recherché avec soin et sévèrement puni.

Mais l'amour exécrable de l'or fut plus fort que la sage colère de Titus et les mêmes cruautés furent exercées en secret.

Les Juifs, seuls, le savaient et un horrible danger de plus se dressait devant les pas incertains de ceux qui eussent voulu, en désespoir de cause, fuir encore et se rendre aux Romains.

Les Juifs, eux-mêmes, à qui l'or, en de semblables extrémités, ne pouvait plus être d'aucune utilité, pillaient et dépouillaient le Temple du Seigneur, des richesses que les dons des rois étrangers y avaient accumulées, comme ils usaient, pour leurs besoins, de l'huile et du vin que les sacrificateurs conservaient dans les celliers du Temple pour l'usage journalier des sacrifices.

— Je te fais grâce de la vie et te donne la liberté, dit Titus à un transfuge de qualité qu'on venait d'amener devant lui, mais, réponds à mes questions. Combien la famine a-t-elle tué de personnes, jusqu'à ce jour, en Jérusalem?

— Depuis le mois d'avril[1] jusqu'aujourd'hui, lui répondit-il, on a emporté par la porte confiée à mon commandement, cent quinze mille huit cent quatre-vingts corps, mais s'il fallait compter tous les morts qui sont passés par les autres portes ou qu'on a jetés par-dessus les murs, on arriverait au chiffre affreux de six cent mille. On ne suffit plus à pouvoir les porter et on ne les compte plus.

— Avez-vous encore du froment?

— Le boisseau de froment, seigneur, coûtait un talent[2] au commencement du siège, mais, maintenant, il n'est plus possible d'en trouver, même au poids de l'or. Avant que votre mur fut construit, les malheureux sortaient de la ville, avec les plus grands risques, pour chercher de l'herbe, mais, depuis, ils en sont réduits à fouiller les égoûts pour y chercher les plus affreux détritus dont la seule vue soulève le plus horrible dégoût.

— Malheureuse ville! répétait Titus avec compassion, infortuné peuple!

(1) On était en juillet.
(2) Environ huit francs de notre monnaie.

VI

Telle était l'opiniâtreté de la résistance des Juifs que, deux mois encore devaient se passer, avant que les Romains pussent, enfin, en triompher et prendre la ville.

Les matériaux et la patience commençaient à leur manquer, pour élever de nouveaux travaux, et l'énorme quantité de cadavres qui remplissaient les alentours de la ville, non seulement, par leur masse en putréfaction, les empêchaient de pousser facilement plus loin leurs constructions, mais encore entravaient même les sorties des Juifs et surtout répandaient dans l'air une intolérable infection.

Cependant, Titus ordonna que l'on construisît de nouvelles plate-formes afin d'en finir avec ce siège qui s'éternisait en longueur.

Vingt et un jours furent nécessaires aux Romains pour construire cet ouvrage important.

Comme ces plate-formes étaient construites en bois, il avait fallu défricher le pays d'alentour à près de cent stades à la ronde et défigurer ces coteaux dont les bois de cèdres et d'oliviers gardaient tant de mémoires illustres.

On n'eut plus reconnu ces féériques paysages, orgueil des

indigènes et admiration des étrangers, pas plus, d'ailleurs, que ces merveilleux faubourgs, maintenant changés en un amas informe de ruines.

Des deux côtés régnait la crainte.

Les Juifs, en voyant les Romains exécuter contre eux un dernier et si gigantesque travail, furent saisis de terreur et se comprirent perdus s'ils ne s'empressaient pas de le détruire par le feu.

Les Romains, fatigués, commençaient à se décourager et appréhendaient l'incendie de leurs ouvrages comme un malheur irréparable.

S'exagérant la force des Juifs, ils voyaient, déjà, leur résistance se prolonger indéfiniment, oubliant leur épuisement extrême. Ils se voyaient, eux-mêmes, impuissants malgré la force de leurs machines, devant ces murailles formidables et leur imagination prenant le dessus :

— Nous ne viendrons pas à bout de ces gens-là, se disaient-ils entre eux, à quoi n'ont-ils pas résisté! Ce sont, certainement, des magiciens qui finiront par nous ensorceler, car leur intrépidité s'élève au-dessus de tous les maux et leur audace n'a pas de limite!

Cependant, les Juifs avaient beaucoup perdu de leur confiance, et, déjà, une profonde lassitude troublait l'ordre et le concert de leurs attaques.

Ils ne sortaient plus que par petites troupes et avec crainte, et, bien qu'ils fussent munis de flambeaux, les Romains gardaient si bien leurs terrasses qu'ils ne pouvaient y mettre le feu.

Pendant ce temps-là, les Romains battaient toujours, avec leurs béliers, ces formidables murs qui ne s'écroulaient pas, et dont les brèches, parfois ouvertes, ne faisaient que démasquer d'autres murs tout aussi formidables du haut desquels pleuvaient sans interruption les traits et les pierres.

Dans le but de faire, la nuit, une sortie pour brûler à l'improviste les terrasses des Romains, Jean de Giscala avait fait creuser une mine sous le mur de la tour Antonia qui était, pour ainsi dire, la clef de la défense du Temple.

En effet, il parvint, par ce moyen, à ruiner quelques-uns des ouvrages les plus avancés des Romains, mais, ceux-ci, continuant à battre furieusement les murs juste au-dessus de la mine qui les affaiblissait, la muraille tomba, entraînant la tour, dans sa ruine.

Une grande joie éclata, alors, parmi les Romains qui se montrèrent, de nouveau, bouillants d'ardeur pour l'assaut.

Mais, quelle ne fût pas leur stupeur!

Les Juifs avaient, prévoyant l'accident, construit un autre mur derrière celui-là!

Devant cette déception, Titus comprit qu'il n'y avait pas un instant à perdre pour empêcher qu'elle ne démoralisât ses soldats et il assembla aussitôt les plus braves de son armée pour leur faire une harangue.

Après leur avoir représenté la gloire qu'ils avaient déjà acquise dans cette mémorable campagne, les grandes fatigues qu'ils avaient déjà surmontées, les grands travaux qu'ils avaient su accomplir au milieu de tant de difficultés singulières, il les exhorta à considérer combien il serait fâcheux et peu honorable pour leur valeur de se laisser arrêter si près de la réussite finale, par un dernier obstacle.

— Nous n'avons plus, s'écria-t-il, qu'à emporter la forteresse Antonia, pour être maîtres des dernières résistances, et, si nous en trouvons encore, nous les vaincrons avec une facilité égale à l'excellence de nos positions acquises.

« Quoi de plus beau que de mourir les armes à la main! Quel plus grand honneur que celui d'être compté parmi les héros!

» Compagnons! ceux qui meurent les armes à la main, vont, après leur mort, vivre dans les étoiles avec les dieux, plus heureux que ceux qui meurent lâchement dans leur lit et descendent ainsi, tout entiers, au tombeau!

» Cependant, que mes paroles ne vous fassent pas croire que cet assaut, auquel je vous convie avec ardeur, soit, pour vous, le chemin d'une mort inévitable.

» Nous sommes victorieux!...

» Le second mur tombera comme celui que nous venons d'abattre, et plus facilement encore!

» Votre hardiesse frappera l'ennemi de stupeur et, sans doute, nos pertes seront faibles, parce que le premier succès nous assurera le triomphe complet.

» Compagnons! je m'engage à récompenser le mérite de celui qui montera, le premier, sur la brèche de telle sorte que, soit qu'il meure ou qu'il survive à cette action d'éclat il sera digne d'envie, car, s'il meurt, si cette brèche devient son tombeau, je rendrai les plus grands honneurs à sa mémoire, et s'il survit, je l'élèverai au-dessus de tous ses égaux!

» Et maintenant, qui veut, le premier, monter à l'assaut? »

Titus, au milieu du silence qui avait accueilli ses paroles, jeta les yeux sur le front de bataille des troupes.

Mais, aucun soldat ne sortait des rangs, car, si ses paroles éloquentes avaient fait une impression noble dans les cœurs, d'un autre côté la grandeur du péril était telle que nul n'osait affronter un pareil danger.

Cependant, un homme de frêle apparence se détacha des rangs, et un sourire accueillit sa petite taille et sa faible complexion.

Titus, lui-même, le considéra avec surprise.

— C'est toi qui veux monter le premier à l'assaut? dit-il, en le considérant d'un air protecteur auquel se mêlait une certaine pitié.

— Oui, César.

— Qui es-tu?

— Je me nomme Sabinus et je suis Syrien. Je m'offre

avec joie, illustre prince, pour exécuter vos ordres, et je souhaite que votre bonne fortune porte bonheur à mon courage. Mais, s'il en est autrement et si je meurs avant d'avoir atteint le haut de la brèche, je serai encore satisfait puisque j'aurai gagné de la gloire et donné ma vie pour votre service.

— Très bien! dit Titus, je souhaite que la fortune te soit favorable. Va.

Sabinus prit son bouclier de la main gauche, s'en couvrit la tête et, prenant son épée de la main droite, monta à l'assaut suivi de douze soldats qui voulurent imiter son courage.

Bientôt, les laissant derrière lui, il s'avança sous une grêle de traits, de flèches et de grosses pierres qui, le respectant, atteignirent seulement plusieurs de ses compagnons et les renversèrent.

Intrépide et sans se laisser arrêter par quoi que ce fut, il escalada le haut du mur et étonna tellement par cet acte d'audace, les assiégés, que, le croyant suivi de toute l'armée romaine, ils s'enfuirent en désordre et pleins de terreur.

Sabinus triomphait, lorsque, soudain, son pied heurta à une pierre branlante et il tomba.

Sa chute ramena les ennemis qui s'aperçurent de leur erreur en le voyant seul.

Aussitôt, ils l'accablèrent de dards et de flèches. A genoux, Sabinus faisait des prodiges pour se défendre et éviter les coups, mais, bientôt, accablé par le nombre, il succomba.

De ceux qui l'avaient suivi dans son assaut héroïque, trois étaient morts, écrasés par les pierres au moment où ils allaient mettre le pied sur le haut du mur, et les huit autres, blessés, furent ramenés au camp.

Les Romains considéraient maintenant la tour Antonia comme tombée en leur pouvoir.

Deux jours après, vingt des soldats qui étaient de garde aux plate-formes s'assemblèrent avec un enseigne de la cinquième légion et deux cavaliers, prirent une trompette et vers la neuvième heure de la nuit, montèrent par la ruine du mur, en silence, jusqu'à la forteresse.

Les sentinelles du corps de garde avancé dormaient paisiblement.

Ils leur coupèrent la gorge.

Aussitôt, maîtres du mur, ils sonnèrent triomphalement de la trompette.

A ce bruit, éclatant soudain dans la nuit silencieuse, les soldats des autres corps de garde, s'imaginant que les Romains étaient en grand nombre, s'enfuirent, éperdus de terreur.

Aussitôt averti, Titus rassembla tout ce qu'il avait de soldats autour de lui, se mit à leur tête et, accompagné de ses gardes, se hâta de monter sur la brèche.

Surpris par une si subite invasion, les Juifs se sauvèrent, les uns dans le Temple, les autres dans la mine faite par Jean sous les ouvrages des Romains.

Un combat acharné s'engagea aux portes mêmes du Lieu saint, corps à corps et à coups d'épée dans une confusion qu'augmentait encore l'étroit espace dans lequel se circonscrivait la lutte.

Dernière place forte et suprême retranchement, le Temple une fois pris, la victoire des Romains était complète et la défaite des Juifs consommée sans remède.

Pendant dix heures de nuit, Juifs et Romains s'entretuèrent avec fureur.

La valeur des uns n'avait d'égale, en ces instants tragiques, que le désespoir des autres.

Enfin, les Romains furent encore une fois repoussés; la forteresse Antonia leur appartenait mais le Temple restait encore aux Juifs.

VII

DERNIER ET VAIN APPEL.

Et Titus gémissait encore à la vue de tant de ruines et ne pouvait se résoudre à consommer cette dévastation en abattant par le bélier ce Temple si fameux dans les annales du peuple Juif et dans tout l'univers.

Afin de ne pas perdre ses positions si difficilement conquises, le César ordonna qu'on ruinât les fondements de la forteresse Antonia de sorte que, le terrain étant, de ce chef, aplani, toute son armée pût entrer facilement dans cette partie de la ville où les Juifs factieux étaient retranchés.

Comme on s'empressait à ces travaux, le César fut informé qu'une députation de Juifs voulait lui parler.

Il les fit venir en sa présence.

Quand ils furent devant lui :

— Seigneur, dit le principal de la troupe, nous sommes bien affligés et nous venons implorer une grâce de votre bonté.

— Parlez, dit Titus, et s'il est en mon pouvoir de vous satisfaire, je le ferai.

— Voici donc que, par suite des malheurs du siège, nous n'avons pas pu célébrer dignement une de nos grandes fêtes.

— Laquelle?

— Celle d'Endelechisme.

— En quoi consiste-t-elle?

— Elle consiste à commémorer le jour où, descendant du Sinaï, chargé des Tables de la Loi écrites par la main même de Johah-Elohim notre Dieu, et renfermant son Décalogue saint, Moïse, notre père, les brisa dans sa colère d'avoir vu le veau d'or construit par Aaron et recevant les adorations sacrilèges du peuple.

— Insensés! leur répondit Titus qui flairait un piège, qu'importe à votre Dieu que vous commémoriez une fête en son honneur, lorsque vous l'outragez tous les jours, en profanant son Temple par tous les excès.

« Vous serez cause de la ruine totale, non seulement de votre ville, mais encore de ce Temple fameux parmi les nations, et dans lequel vous prétendez qu'habite la force de votre Dieu.

» Cessez donc, je vous le demande encore une fois, une résistance inutile qui, tous les jours, aggrave votre responsabilité. Rendez-vous, il en est temps encore, épargnez ce qui vous reste de vies et ménagez les soldats de l'Empire, si vous ne voulez pas qu'en un jour prochain, toute miséricorde vous soit refusée.

» Faites mieux, pour ce que vous croyez être votre honneur, si vous le voulez; cessez d'opprimer ce peuple sur lequel vous avez déchaîné toutes les horreurs et qui vous maudit; sortez de ce Temple dont vous allez provoquer la destruction rapide et venez avec le nombre de soldats que vous voudrez, pour en venir, hors de ces murs, à un combat définitif qui tranchera toute difficulté en désignant le vainqueur suivant le sort des armes!

» N'êtes-vous pas las de profaner ce Lieu saint selon votre croyance et d'offenser ainsi perpétuellement votre Dieu?

» Après cela, si tel est votre désir, célébrez la fête d'Endelechisme, comme vous le voudrez. »

Le peuple qui entendait ces paroles en était très touché, mais dans la crainte de représailles du côté des factieux, il n'osait témoigner ses sentiments.

— Seigneur, dit celui qui avait parlé à Titus, permettez que j'envoie porter vos paroles à Jean de Giscala notre chef, afin qu'il y réponde.

— Faites! dit le César.

Mais Jean de Giscala, en entendant ces paroles, entra dans une grande colère et s'écria :

— Jamais je ne me rendrai à de pareilles propositions et c'est en vain que le général romain invoque la sainteté de Dieu, car je ne puis appréhender la destruction pour une ville qui lui appartient et sur laquelle son bras s'est étendu dans la succession des siècles!

Alors, Josèphe, l'ancien gouverneur de Jotapat qui avait accompagné l'envoyé, prit la parole :

— Comment pouvez-vous parler ainsi, Jean, s'écria-t-il, et l'enseignement de l'histoire de notre peuple n'est-il pas là pour démentir vos paroles?

« Quoi! vous parlez de Dieu qui protège la ville de Jérusalem et dont vous seriez le mandataire et le capitaine, vous par qui tant d'abomination ont souillé le Lieu saint.

» Vous incriminez les Romains en les accusant de combattre contre Dieu, alors qu'ils vous invitent chaque jour, au contraire, à conclure la paix, afin de conserver à Dieu son Temple et de permettre au sacerdoce de Sion de continuer à offrir à sa majesté sainte le sacrifice perpétuel qui lui est dû!

» Vous osez croire que Jéhovah-Elohim notre Dieu, vous assistera dans cette guerre et incriminera les Romains de tous les sacrilèges que votre fanatisme a produits dans Sion, lorsque vous vous opposez à ce que ces étrangers nous aident à rétablir dans sa pureté notre sainte Loi et le culte du Seigneur et vous vous déclarez leur implacable ennemi!

» Vous êtes au bord de l'abîme où tant de nos rois sont

tombés, mais vous le creusez si profond qu'Israël, cette fois, n'en remoñtera jamais!

» Quand les Babyloniens entrèrent dans la Judée, avec tant de soldats, n'avons-nous pas vu Jéchonias, qui régnait alors en Sion, sortir de Jérusalem volontairement et donner pour otages sa mère et ses proches parents, afin d'empêcher la ruine de la ville, la profanation des choses saintes et l'embrasement du Temple du Seigneur?

» Que n'avez-vous assez de foi et de courage pour imiter son exemple! Le salut de tous est encore entre vos mains malgré tant d'hécatombes.

» Ignorez-vous donc ce qu'ont dit les prophètes, que cette ville infortunée sera détruite, le jour où l'on verra ceux qui sont Juifs de naissance tremper leurs mains dans le sang de leurs frères?

» Eh bien! ouvrez les yeux, car ce temps est arrivé puisque la ville et ses faubourgs, le Temple même sont pleins des cadavres de vos victimes! »

En parlant ainsi, l'ancien sacrificateur pleurait et sanglotait et les Romains eux-mêmes étaient touchés de ses larmes.

— Hors d'ici! s'écria Jean, transfuge abominable des portiques d'Elohim! Maudit sois-tu, traître à Jérusalem! apostat de Sion! La force de Dieu soutient mon bras et je périrai dans ces murailles plutôt que d'en abandonner l'espace d'une coudée volontairement aux Romains!

— A mort! le traître! crièrent les factieux, assassinez-le! A mort le transfuge!

Cependant, de telles paroles si touchantes et si raisonnables ne furent pas, néanmoins, perdues pour tous.

Elles persuadèrent plusieurs personnes de qualité qui résolurent de les mettre à profit et de s'enfuir vers le camp des Romains.

Un certain nombre d'entre elles parvint à réaliser ce projet.

Titus les reçut avec bonté, leur promit de les doter de terres après la guerre et les envoya en paix à Gophna loin du théâtre des hostilités.

D'autres n'osèrent passer les corps de garde des factieux et restèrent dans la ville.

Quant à ceux qui s'étaient enfuis, les factieux répandirent le bruit que les Romains les avaient fait mourir dans les tortures, et cette fausse accusation répandit une nouvelle terreur dans Sion.

Titus qui était le plus clément des princes fut vivement irrité de ces calomnies et eut à cœur de les détruire aussitôt jusqu'à l'évidence, dans l'esprit des habitants de Jérusalem.

Il envoya avec diligence chercher à Gophna, les Juifs qu'il y avait envoyés et, sous la conduite de l'ancien gouverneur de Jotapat, il leur fit faire plusieurs fois le tour des remparts en criant :

— Voilà ceux qui se sont confiés à la magnanimité des Romains et à la clémence de Titus qu'on accuse faussement de les avoir fait mourir dans les tourments. Quiconque fera comme eux sera traité avec la même distinction et la même clémence.

Aussitôt un grand nombre d'habitants touchés de tant de bonté, sortirent des murs et vinrent se joindre à ces nobles transfuges et, faisant avec eux le tour des remparts, en pleurant s'écrièrent :

— Mes frères, nous vous en conjurons! sauvez Sion! sauvez le Temple! sauvez Jérusalem! ne résistez plus à Dieu!

Mais les factieux, irrités, se mirent à les accabler d'outrages et de malédictions, hurlant qu'ils préféraient voir le Temple réduit en cendres que de se rendre aux Romains.

Et, joignant l'action à la parole, ils roulèrent avec ardeur et avec rage contre les portes du Temple toutes les machines de guerre qu'ils possédaient, servant à lancer toutes sortes de projectiles, faisant du Lieu saint une citadelle impie dominant un charnier nauséabond de morts entassés.

— Impies que vous êtes, s'écria Titus, à ce spectacle, ne sont-ce pas vos ancêtres qui ont environné ce saint Lieu de balustrades, afin d'en interdire l'accès? Ne sont-ce pas eux qui ont gravé sur des colonnes en lettres grecques et latines la défense de passer au delà de ces barrières?

« N'est-ce pas César qui vous a permis de faire mourir quiconque oserait violer cette défense, fut-il citoyen romain?

» Quelle rage avez-vous donc de souiller ainsi ce Temple du sang juif et du sang étranger!

» Ah! j'en prends à témoin les dieux que j'adore et Celui-là même qui, jadis, a jeté sur ce sanctuaire la bénédiction de son regard favorable, et qui s'en est certainement détourné devant les abominations dont il est devenu le théâtre sanglant!

» Je prends à témoin tous mes soldats et tous ceux de vos compatriotes que j'ai accueillis favorablement; je vous prends vous-même à témoin que mes mains sont pures de cette profanation sacrilège et que, si vous voulez sortir de ce Lieu saint, aucun Romain n'approchera du sanctuaire, ni ne commettra contre lui aucun attentat et que, malgré vous-même et votre fureur, je conserverai votre Temple! »

— Le lâche! s'écrièrent les factieux, il a peur! Il nous demande grâce, sous une apparence de protection; gardons-nous de l'écouter! Combattons jusqu'à la mort!

Devant cette suprême insulte, Titus désespéra de jamais rien obtenir, et, rentrant à son quartier, il donna des ordres pour qu'on attaquât le corps de garde qui défendait le Temple.

Il prit, de chaque compagnie, trente hommes des plus courageux, donna mille hommes à commander à chacun des tribuns qu'il choisit et nomma un certain Céréalis leur commandant général.

Sa valeur le poussait à vouloir, lui-même, commander l'attaque, mais il se rendit aux pressantes prières des siens qui le conjurèrent de ne pas exposer inutilement sa vie et de surveiller de loin le combat.

— Soit, dit alors le César, je voulais seulement être témoin des faits d'armes pour les récompenser et des défections pour les punir, afin que le mérite ne reste pas sans distinction ni la faute sans châtiment. Mais je surveillerai l'assaut quand même. En avant!

Et, ayant donné cet ordre, il se retira dans une petite construction de la tour Antonia pour voir de là toute l'action.

On était à la neuvième heure de la nuit.

— Malheur à Jérusalem! cria une voix lamentable sur les murailles, malheur au Temple!... Malheur au peuple!...

C'était Jésus, fils d'Ananus, dont la voix qui retentissait depuis sept ans autour des murs ne s'était pas encore tue.

Tout à coup, il s'écria :

— Malheur à moi-même!...

Et il tomba, écrasé par une pierre lancée par une machine romaine.

VIII

CORPS A CORPS.

Le temps des discours était passé et l'heure de la lutte définitive et sans merci avait enfin sonné.

Le dernier boulevard du Testament ancien allait être emporté à jamais par l'ouragan déchaîné, sous l'œil de Dieu indifférent désormais pour ce peuple, tronc desséché qui avait donné en Jésus-Christ le fruit sublime de la Promesse accomplie et confirmée dans la Bénédiction du Testament nouveau.

Les Romains croyaient trouver les Juifs endormis. Ils se trompaient.

De grands cris leur annoncèrent que le corps de garde veillait et, aussitôt, on en vint aux mains dans une confusion dont les ténèbres de la nuit compliquaient l'horreur.

Cependant, cette mêlée était plus préjudiciable aux Juifs qu'aux Romains, parce que ces derniers avaient un mot d'ordre pour se reconnaître et étaient mieux armés.

Les Juifs, animés par l'extrémité du péril, combattaient avec acharnement, mais les Romains déployaient le plus grand courage sachant que Titus avait l'œil sur eux et considérant que, de cette journée, pouvaient dépendre la gloire et le bonheur de toute leur vie.

A chaque instant, la lutte changeait de face, tant les phases en étaient imprévues.

Cependant, la cinquième heure du jour arriva et termina le combat sans qu'il fût possible de dire de quel côté était la victoire.

De part et d'autre, d'illustres combattants avaient mordu la poussière. De nouvelles plate-formes furent élevées encore par les Romains, au nombre de quatre, la première à l'angle du Temple entre le Septentrion et le Couchant, la deuxième contre la salle située entre les deux portes du côté de la bise, la troisième vers le portique extérieur de l'Occident, et la quatrième contre celui du Septentrion.

Travaux immenses compliqués pour les Romains de la nécessité d'aller chercher des matériaux jusqu'à cent stades de Jérusalem et de souffrir de la part des Juifs toutes sortes d'embuscades, car ils poussaient l'audace jusqu'à aller surprendre les soldats de César dans leur camp.

La lutte devenait, cependant, de jour en jour, plus circonscrite et plus chaude et les Juifs commençaient à comprendre que le Temple était sur le point de tomber au pouvoir des Romains.

Dans leur affolement, ils résolurent d'en détruire eux-mêmes une partie pour sauver le reste.

Ils mirent le feu à la galerie qui le joignait à la forteresse Antonia du côté de la bise et de l'Occident, puis, ils en abattirent une longueur de vingt coudées, commençant ainsi, de leurs propres mains, l'accomplissement de la terrible prophétie de Jésus-Christ.

Deux jours après, les Romains incendiaient cette même galerie.

Les Juifs laissèrent le feu gagner un espace de quatorze coudées, puis, en abattirent le comble, continuant ainsi de travailler à ruiner toute communication avec la forteresse, pendant que les alentours du Temple étaient le théâtre perpétuel d'incessantes escarmouches.

L'orgueil des Juifs n'avait pas de limite.

Pendant qu'un armistice laissait un peu de repos aux deux partis, les Romains virent venir vers eux un homme de médiocre stature, portant haut un visage plein de jactance, de morgue et d'insolence.

Il s'avança jusqu'auprès du sépulcre du grand sacrificateur Jean.

— Romains! s'écria-t-il d'un air narquois, on ne vous connaît qu'au grand nombre, mais, si l'on demandait à l'un de vous de se mesurer avec l'un de nous, pas un de vous n'oserait répondre à ce défi. Je me nomme Jonathas. Si vous n'êtes pas des lâches, qu'un d'entre vous sorte des rangs et vienne me combattre!

Cependant, les uns, par mépris, les autres, par crainte, nul ne releva son défi.

Le Juif continuait à insulter les soldats de César, lorsque, irrité de tant d'audace, l'un d'eux, nommé Pudens, s'élança contre lui, mais, si impétueusement que Jonathas le perça de son épée.

Ce que voyant, un autre Romain lui lança un dard qui le perça d'outre en outre.

Aussitôt, de grandes clameurs s'élevèrent des deux côtés, faites de cris de triomphe autant que de malédictions.

Cependant, les Juifs joignaient pour lutter contre les Romains toutes les ressources de la ruse.

Ils emplirent de bois, de bitume et de soufre, le portique qui regardait l'Occident.

Au moment de l'attaque, ils feignirent de s'enfuir, attirant les Romains qui dressèrent des échelles pour escalader le portique, quoique plusieurs d'entre eux les en dissuadassent, trouvant cette fuite non motivée.

Quand le portique fut plein de soldats romains, les Juifs y mirent le feu qui éclata immédiatement avec une intensité formidable, semant la déroute dans les rangs pressés des imprudents soldats de Titus.

Aussitôt, abrités par les tortues,
les soldats firent avancer les machines de siège. (P. 71.)

L'incendie trouvant un aliment facile dans la grande quantité de matières combustibles que les Juifs avaient réunies là, il s'éleva des flammes immenses qui remplirent d'épouvante les Romains qui n'étaient que spectateurs de ce tragique événement.

Quant à ceux qui se trouvaient subitement environnés par un si brusque embrasement, un désespoir affreux les envahit, soudain.

Les uns se jetaient du haut en bas des murs, du côté de la ville, d'autres se précipitaient du côté de leurs ennemis, d'autres du côté de leurs frères d'armes.

Tous se brisaient par terre et se tuaient!

Il y en avait d'autres qui n'avaient même pas le temps de se précipiter en bas et étaient, aussitôt, dévorés par les flammes implacables.

D'autres, dans leur désespoir d'échapper à une horrible mort, soit qu'elle leur vînt du feu ou de la chute, aimaient mieux se percer de leur glaive.

Enfin, les derniers qui avaient espéré, un instant, échapper à la catastrophe en se réfugiant dans les parties éloignées du foyer de l'incendie, furent, eux-mêmes, rapidement atteints par le feu et, bientôt enveloppés, périrent comme leurs compagnons d'infortune.

Pas un ne survécut.

La colère de Titus, devant un tel spectacle, éclata violemment; mais la compassion l'emporta bientôt, et il considéra que, s'il devait être irrité de ce que ces soldats n'étaient tombés dans un tel malheur que parce qu'ils avaient entrepris cette attaque sans en avoir reçu l'ordre, leur vaillance et leur dévouement méritaient des larmes de sa part.

Ces braves soldats, en effet, mouraient contents de voir, par l'incroyable douleur de leur général, combien ils étaient aimés et regrettés de celui pour la gloire duquel ils avaient si délibérément risqué leurs existences.

Titus, en effet, s'avançait au premier rang de tous ceux qui se précipitaient pour les sauver, impuissants et navrés par les cris des victimes qui les conjuraient en vain.

Et les larmes d'un tel prince les consolaient de n'avoir d'autre sépulture que cet affreux bûcher.

Ceux-là même qui avaient trouvé moyen de s'abriter, un instant, de la rage des flammes, dans la partie la plus spacieuse et encore intacte de la galerie, y furent aussitôt cernés et massacrés par les Juifs, malgré leur héroïque résistance, sans qu'un seul d'entre tous ait pu se sauver.

Les soldats de Titus, en effet, eussent considéré leur salut comme honteux, s'il leur eut fallu le recevoir de la pitié des Juifs leurs ennemis.

Plus d'un parmi eux le prouva.

Entre tous, un jeune homme faisait, sur les terrasses en feu, des prodiges de valeur.

Les Juifs qui l'admiraient et ne pouvaient réussir à le tuer, l'exhortaient à descendre, en lui promettant que, s'il voulait se rendre à eux, ils lui sauveraient la vie.

Avant même que le jeune soldat eut pu comprendre le sens de cette proposition, il entendit un autre soldat romain lui crier :

— Longus! écoute-moi, je suis ton frère Cornélius, et je te conjure de ne pas écouter les trompeuses paroles de ces ennemis. Garde-toi de te rendre à eux, tu ternirais ton nom et tu entacherais la gloire du nom Romain, lui-même.

En entendant cette exhortation, le jeune soldat n'hésita pas un seul instant.

Choisissant le moment où les deux partis avaient les yeux fixés sur lui, il prit son épée, l'éleva aussi haut qu'il put pour être bien vu de tous et se l'enfonça résolument dans la poitrine.

La mort de tant de braves affligea toute l'armée romaine.

Cependant, elle en retira, dans ces circonstances, un fruit utile.

Elle apprit, en effet, par un si grand malheur, à mieux se tenir sur ses gardes, à être moins prompte à se jeter, tête baissée, dans les embûches que leur tendaient les Juifs artificieux et que leur ignorance des lieux ne leur faisaient pas soupçonner.

Le feu avait dévoré le portique jusqu'à la tour que Jean de Giscala avait fait construire sur les colonnes qui conduisaient à ce portique; quand la ruine en fut consommée et que ceux qui étaient montés dessus eurent été brûlés, les Juifs en abattirent les restes calcinés.

Le lendemain, les Romains mettaient le feu au portique qui regardait la bise.

L'incendie le dévora jusqu'au coin qui regardait l'Orient et dominait les hauteurs de la vallée du Kidron, dont la profondeur était si grande qu'on ne pouvait la regarder sans être saisi de frayeur et pris de vertige.

IX

L'HORRIBLE FESTIN.

Pendant que ces choses se passaient autour du Temple, l'horrible famine continuait à dévorer la ville et le nombre de ceux qui périssaient était incalculable.

Pour un peu de blé, on égorgeait ses plus proches parents, n'eut-on que le soupçon qu'ils pouvaient recéler un fragment d'aliment.

On ne croyait même pas les mourants qui affirmaient que la faim était la seule cause de leur mort et on les fouillait pour s'assurer qu'ils n'avaient pas caché sous leurs vêtements un reste de pain.

Après avoir fouillé les maisons de fond en comble, ces affamés recommençaient leurs recherches, dans la rage de ne rien trouver, se berçant, jusqu'à la fin, d'une espérance insensée.

On dévorait les détritus les plus malpropres que des chiens même eussent dédaignés. On mangeait jusqu'au cuir des souliers et des boucliers et une poignée de paille était hors de prix.

Une femme nommée Myriam, fille d'Eléazar et très riche, venue du bourg de Bathechor se réfugier à Jérusalem avait été dépouillée de tout ce qu'elle possédait par ces bandits qui lui prirent même les quelques aliments qu'elle avait cachés pour elle et son enfant.

Pleine d'un affreux désespoir, elle exhala toute sa colère contre eux, en des torrents d'imprécations insultantes, désireuse de recevoir la mort, pour mettre fin à ses tortures.

Mais, par une dernière cruauté, aucun d'eux ne voulut la tuer.

Affolée par tant de souffrances, elle arracha son enfant à la mamelle et lui dit :

— Enfant infortuné, je n'ai plus même de larmes pour déplorer le malheur sans nom de ta naissance! Quand même tu aurais la vie sauve, tu deviendrais esclave des Romains et ces fauves qui nous oppriment sont encore plus cruels que les Romains et que la faim!

« Il vaut mieux que tu me serves de nourriture, ne fut-ce que pour étonner la postérité par la mémoire d'une action si horrible qu'elle mettra le comble à la mesure des maux qui nous accablent! »

Ayant ainsi parlé, elle tua son enfant, le fit cuire, en mangea la moitié et cacha l'autre partie.

Mais l'odeur de cet épouvantable mets la trahit et attira les factieux qui ne vivaient que de dépradations et de rapines.

Ils entrèrent dans la maison de cette femme et la menacèrent des plus horribles tourments si elle ne leur livrait ce qu'elle avait à manger.

— Attendez, leur dit-elle, je suis prête à partager avec vous!

Elle revint bientôt et leur montra ce qui lui restait de son affreux repas.

— Mangez-en, si vous l'osez, s'écria cette femme hors d'elle-même, c'est mon fils! et c'est moi-même qui ai trempé mes mains dans son propre sang! J'en ai bien mangé, moi! Etes-vous plus timides qu'une femme ou avez-vous plus de compassion qu'une mère? Votre pitié vous empêche d'accepter cette viande? C'est bien! laissez-là, je l'achèverai!

Une telle stupeur frappa ces brutes qu'ils furent saisis d'un tremblement convulsif, et, malgré la faim qui dévorait leurs entrailles, ils s'enfuirent, épouvantés, racontant dans toute la ville ce qu'ils venaient de voir.

— Malheur sur nous! disaient ceux qui les entendaient, malheur sur Jérusalem! Les annales de l'histoire n'ont jamais, encore, enregistré de pareilles horreurs!

Les Romains apprirent cette nouvelle avec effroi et Titus, cette fois encore, fut touché d'une pitié douloureuse.

Il protesta hautement qu'il avait offert aux Juifs une amnistie complète de tout le passé, et que, puisqu'ils avaient préféré la révolte à l'obéissance, la guerre à la paix, la famine à l'abondance, qu'ils avaient été les premiers à mettre le feu au Temple qu'il ne désirait rien tant que de conserver, ils étaient justement punis du Ciel.

— J'ensevelirai leurs crimes, s'écria-t-il, sous les ruines de leur capitale, afin que le soleil ne rougisse pas de honte en voyant le théâtre de tant de monstrueux forfaits, en cette ville où les mères se nourrissent de la chair de leurs enfants et où les pères ne sont pas moins coupables qu'elles, puisque de si étranges misères ne peuvent les déterminer à quitter les armes!

X

RUINE SUR RUINE.

Les murs du Temple étaient si solides que les béliers des Romains les battaient incessamment sans pouvoir les ébranler, malgré les plus puissants efforts; la sape, elle-même, demeurait impuissante. A peine, si, du dehors, quelques pierres se détachaient, sans rien enlever à la solidité de la masse.

Ils montèrent à l'escalade avec des échelles que les Juifs renversaient lorsqu'elles étaient pleines de soldats, tandis qu'ils exterminaient ceux qui mettaient les pieds sur les murs.

A la vue de tant de victimes, Titus ne put se résoudre à laisser ainsi périr tant de vaillants soldats, et, à contre-cœur, il ordonna qu'on mît le feu aux portiques que l'on ne pouvait prendre autrement.

L'embrasement consuma le bois des portes et fit fondre les lames d'argent qui les couvraient; il s'étendit et gagna les galeries, à la grande épouvante des Juifs qui restèrent stupéfaits devant le désastre, découragés et impuissants, se bornant à lancer contre les Romains les plus injurieuses malédictions.

L'incendie des galeries dura un jour et une nuit, accumulant les ruines que Titus fit niveler, pour le passage de l'armée.

Il assembla, alors, les principaux chefs et tint conseil pour savoir s'il fallait conserver ou détruire le Temple.

Les avis furent partagés, car, chacun comprenait que, si, d'une part, il était fâcheux de détruire un si merveilleux édifice, d'autre part, tant qu'il resterait debout, il serait un foyer de résistance et une citadelle de révolte.

Pendant ce temps-là, les Juifs revenaient de leur stupeur et tentaient, de nouveau, de furieuses sorties contre les Romains qui les repoussèrent, non sans peine, jusqu'au Temple.

Mais, Dieu avait décrété que, de Jérusalem et du Temple, il ne devait pas rester pierre sur pierre et le jugement de Dieu devait être sanctionné invinciblement par les événements.

Le Temple devait être brûlé comme, jadis, il l'avait été par Nebouchadnetzar roi de Babylone.

Un soldat romain, sans en avoir reçu l'ordre, commit ce sacrilège, poussé par une force providentielle invisible.

Il se fit soulever par l'un de ses compagnons et jeta par une fenêtre d'or un tison enflammé dans le lieu qui conduisait aux bâtiments du septentrion.

Aussitôt le feu éclata et les Juifs poussèrent des hurlements de désespoir.

Ils coururent comme des forcenés sur le lieu de l'incendie et s'efforcèrent de l'éteindre.

Titus, aussitôt informé, alors que, revenu du combat il se reposait dans sa tente, partit aussitôt, lui-même, pour la même entreprise, suivi de tous les chefs et des légions en tumulte.

Le César criait ses ordres, mais, dans une aussi complète confusion, nul ne les écoutait et chacun s'exhortait, au contraire, à hâter les ravages de l'incendie.

Bientôt les factieux, eux-mêmes, virent sombrer leur

dernière espérance de conserver ce merveilleux et auguste sanctuaire.

De toutes parts, la flamme dévorait.

Toutefois, elle n'était pas encore arrivée au Saint des saints, dans lequel le César entra, pour en admirer l'incroyable richesse.

Il resta confondu devant tant de splendeur, et vit, de ses yeux, que tout ce que l'on racontait sur ce lieu si fameux dans l'univers, était bien au-dessous, encore, de la réalité.

— Sauvez le Sanctuaire! cria-t-il à ses soldats, il en est encore temps! conservez cette merveille à l'Empire, je vous l'ordonne, éteignez le feu! Mais la colère des Romains contre les Juifs était telle que, pour la première fois, désobéissant aux ordres de leur Empereur, éblouis par l'or prodigué partout et pleins de l'espoir d'un abondant butin, ils refusèrent de l'entendre.

Un soldat, qui venait d'y entrer, y mit directement le feu pour en hâter la destruction.

En peu de temps, les bois de cèdre précieux flambèrent et Titus se retira, douloureusement affecté d'une ruine aussi déplorable et d'une perte aussi grande.

Alors, le plus affreux carnage ensanglanta toute la ville, joint au pillage le plus effréné.

Prêtres, vieillards, femmes, enfants étaient, sans pitié, passés au fil de l'épée. Ni larmes, ni prières ne fléchirent les soldats farouches comme des fauves altérés de sang.

Pendant ce temps-là, l'incendie gigantesque pétillant avec des crépitements sinistres, éclairait de ses tragiques lueurs cet horrible spectacle, illuminant le ciel d'un tel embrasement que, des environs, on eut pu croire qu'une capitale entière brûlait..

Dominant, parfois, le bruit sinistre de l'incendie, le concert le plus affreux de cris et de lamentations déchirait les airs, répercuté confusément par les échos des montagnes et des rochers, jusqu'au delà du Jourdain.

Rien n'était plus horrible que cet ouragan de vociféra-
tions humaines éclatant de toutes parts.

Les légions romaines laissaient se déchaîner leur tumultueuse fureur.

Non moindre était la colère des factieux qui se voyaient
environnés, partout, de fer et de feu.

De son côté, le peuple infortuné, rassemblé dans le Temple, était saisi d'une telle épouvante qu'il fuyait de toutes
parts et se jetait, affolé, dans les rangs même des ennemis.

D'autres cris s'ajoutaient encore à ce concert : c'étaient
ceux de la multitude du peuple qui se trouvait massé sur la
montagne opposée à celle du Temple et qui contemplaient
pleins d'une horrible douleur ce tragique spectacle.

Ceux même que la faim avait réduits à une telle extrémité que leur vie ne tenait plus qu'à un souffle et que la
mort était prête à leur fermer pour jamais les yeux, en
voyant, à travers les ombres épaisses de leur terrible agonie,
cet embrasement formidable, rassemblaient leurs dernières
forces pour déplorer un si épouvantable châtiment.

Le feu qui dévorait le Temple était si violent et si
intense qu'il semblait que la montagne même sur lequel il
était assis brûlait jusque dans ses fondements.

Le sang coulait en telle abondance qu'il paraissait lutter
de progrès avec le feu.

Tout le sol était jonché de cadavres sur lesquels les
soldats marchaient pour poursuivre les fuyards et les
exterminer.

Un gros de factieux, cependant, engagèrent une lutte si
désespérée qu'ils parvinrent à percer les rangs des Romains
et à se retirer dans la ville.

Les sacrificateurs, dépourvus de glaives, s'étaient saisi
des broches servant, dans le Temple, à la cuisson des viandes
et en usaient comme d'épées.

Ils arrachaient, aussi, de leurs sièges, le plomb dont ils

étaient faits, afin de l'utiliser comme projectiles contre les Romains.

Mais ils virent bientôt que cela ne leur servait de rien et qu'ils s'escrimaient sans profit.

Le feu les gagnait, d'ailleurs, de plus en plus, menaçant de les engloutir et de les dévorer sans merci.

Ils se retirèrent donc sur le mur dont l'épaisseur était de huit coudées, espérant pouvoir y demeurer quelque temps encore.

— A quoi bon essayer de vous sauver! leur crièrent, alors, Meïrus fils de Belga et Joseph fils de Daleus, deux des principaux parmi eux, vous retardez seulement de quelques moments, l'instant de votre mort. Vous feriez mieux d'en finir avec cette vie désormais condamnée et de nous imiter!

Ce disant, et ne voulant pas survivre à la destruction de leur Temple, les deux sacrificateurs se jetèrent dans le brasier et périrent, aussitôt dévorés par les flammes.

Pendant ce temps-là, les Romains, croyant que, puisque la majeure partie des bâtiments du Temple était brûlée, il était inutile d'épargner le reste, mirent le feu à tous les édifices encore debout qui l'entouraient, et incendièrent ainsi tout ce qui restait des portiques et des portes, excepté les deux qui regardaient l'Orient et le Midi.[1]

Ainsi périt la trésorerie du Temple, remplie d'une incroyable quantité de richesses, propriétés du Temple ou dépôts confiés par les plus riches citoyens.

Six mille personnes étaient encore refugiées dans une des galeries jusqu'ici respectée par le feu; les Romains implacables la brûlèrent sans attendre les ordres de Titus et consommèrent cette nouvelle hécatombe.

De ces six milles personnes, les unes furent brûlées et

---

(1) Ces deux portiques respectés par le feu furent ensuite ruinés par les Romains jusque dans leurs fondements. Josèphe : *Guerre des Juifs.*

les autres, pour éviter la combustion, se jetèrent en bas, de sorte que pas une ne se sauva.

Cette multitude avait été la victime de son invincible penchant à écouter les faux prophètes au lieu de suivre les conseils de la vraie sagesse.

Un de ces imposteurs, en effet, soudoyé par les chefs des factieux, pour cette œuvre de séduction, dans le but de retenir, par de fallacieuses promesses, ceux qui, malgré les immenses difficultés, voulaient encore s'enfuir vers les Romains, les avait assurés d'un secours inespéré de Dieu s'ils voulaient abandonner la ville et se réfugier dans les murs de son Temple.

Telles étaient la crédulité de ce peuple et l'horreur de ses maux, qu'il n'hésita pas à écouter, encore une fois, un imposteur qui abusait ainsi du nom de Jéhovah, pour le tromper.

Lui, qui n'avait pas cru au Messie, et qui s'obstinait encore à fermer les yeux sur l'horrible accomplissement de la vengeance divine prédite par le Christ, après les prophètes et les saints d'Israël, suivit, en masse, les conseils d'un vulgaire aventurier, achevant ainsi, de sa propre volonté, de parcourir la route de son inéluctable châtiment.

. . . .

« Liban! ouvre tes portes, (avait dit, naguère, le prophète Zacharie), et que le feu dévore tes cèdres ! »

. . . .

Le Liban avait été dépouillé de ses derniers ombrages pour construire les lambris du dernier Temple, et les derniers cèdres de la célèbre montagne étaient la proie des flammes!...

. . . .

XI

PIERRE SUR PIERRE.

Cependant le groupe des sacrificateurs était encore massé sur le mur du Temple où ils s'étaient réfugiés et que l'incendie, qui brûlait depuis cinq jours, n'avait pas encore atteint.

La faim les torturait et leur soif était si intense que rien ne peut donner une idée du supplice qu'ils enduraient.

Torture de Tantale, car, au pied des murs gardée par les soldats romains, ils pouvaient voir écumer les eaux limpides d'une fontaine jaillissante.

Un jeune enfant qui était sur le mur avec les sacrificateurs, pria les gardes romaines de bien vouloir lui permettre d'apaiser sa soif.

Voyant son jeune âge et sa souffrance, la compassion l'emporta en eux et ils lui dirent :

— Tu peux descendre du mur, pour boire à la fontaine, en toute sécurité, nous ne te ferons pas de mal.

L'enfant descendit du mur avec le plus avide empressement.

Il s'approcha de la fontaine, sous l'œil bienveillant des soldats, et but à longs traits cette eau fraîche qui lui parut un nectar délicieux.

Mais, il avait apporté avec lui une amphore et, l'ayant remplie, il s'enfuit avec tant de prestesse que nul des soldats n'eut la présence d'esprit de le rejoindre.

— Jeune scélérat! s'écrièrent-ils, alors, c'est donc par une perfidie que tu reconnais notre complaisance!

— De quoi donc vous plaignez-vous? leur cria l'enfant, du haut du mur où il était prestement remonté.

— De ce que, t'ayant seulement permis de venir te désaltérer, lui dirent-ils, tu emportes de l'eau aux autres!

— Vous m'accusez injustement, leur dit-il, alors, finement. Je me suis engagé à aller boire et je n'ai pris aucun autre engagement envers vous que celui-là. Cessez donc de vous plaindre. Je ne vous avais pas promis de rester avec vous!

Ils admirèrent l'intelligence de ce jeune enfant et sa finesse qui surpassait son âge, et ne lui en voulurent pas autrement de les avoir trompés.

En effet, qu'était-ce qu'une amphore pleine d'eau pour cette foule de sacrificateurs qui n'en auraient même pas chacun une gorgée à boire!

Et quand bien même il leur aurait porté la fontaine, elle-même, l'eau eut-elle pu apaiser la faim atroce qui torturait leurs entrailles?

Pendant ce temps-là, le camp des Romains se préparait à célébrer une grande fête.

Les soldats de l'Empire vinrent, avec un ordre admirable, jusqu'au pied de ces murailles que le feu continuait à dévorer sans merci.

En face de la porte orientale du Temple, ils plantèrent leurs drapeaux triomphants.

Ensuite, ils construisirent un autel et ils offrirent des sacrifices au Ciel qui avait favorisé leurs armes.

Puis, au milieu du fracas de l'incendie, du crépitement des flammes, avec des cris de joie répercutés par les échos des montagnes prochaines, ils acclamèrent leur général en proclamant solennellement Titus Imperator.[1]

Mais, tout n'était pas encore terminé.

. . . .

Titus était rentré sous sa tente et méditait sur la grandeur de ces tragiques événements, lorsqu'un de ses officiers vint se présenter devant lui :

— César, lui dit-il, rien ne manque à ta gloire ! Les chefs des rebelles sollicitent l'honneur de te parler.

— Fais-les venir, dit Titus, afin que je les entende.

Alors, on vit s'avancer une longue file de prisonniers, dans un état lamentable.

— Qui êtes-vous? leur demanda Titus, avec sévérité, en les accablant d'un regard chargé de reproches.

— Seigneur, répondit l'un d'entre les prisonniers, nous sommes les derniers sacrificateurs du Temple ; la faim nous a fait descendre du mur où nous nous étions réfugiés pour nous rendre à tes soldats. En luttant jusqu'à la dernière heure nous avons accompli notre devoir ; maintenant, nous nous remettons entre tes mains et nous te supplions de nous pardonner.

L'Imperator les regarda, un instant, dans un profond silence, comme pour donner plus de portée à ses paroles.

— Malheureux ! leur dit-il enfin, comment pouvez-vous être assez insensés pour espérer, maintenant, en ma clémence?

« Voyez ces ruines ; elles sont votre œuvre !

» Ce sont vos propres mains qui ont allumé l'incendie dans le Temple de votre Dieu que je voulais conserver au monde, comme l'une de ses plus grandes merveilles.

» Oui, j'aurais été clément au temps où ces portiques encore debout pouvaient être épargnés et j'aurais aimé à

---

(1) Le titre d'Imperator était donné par honneur aux généraux d'armée qui avaient remporté de grands triomphes sur les ennemis de Rome.

vous faire grâce, si vous eussiez écouté les conseils de la sagesse et correspondu à mon désir de terminer cette guerre par la paix.

» Au contraire, vous avez élevé contre moi et contre votre Dieu lui-même dont le bras vous châtie, tous les remparts de la résistance la plus insensée !

» Désormais, tous les motifs qui m'eussent porté à vous faire grâce sont évanouis et il est juste que vous soyez châtiés comme le méritent votre haine et votre perfidie.

» Votre Dieu n'a plus de Temple, il n'a plus besoin de sacrificateurs. »

. . . .

Tous les visages des prisonniers, à ces sévères paroles, montrèrent l'expression d'un profond mais stoïque désespoir.

— Qu'on les mène au supplice, dit Titus, et que pas un ne soit épargné !

Les soldats les emmenèrent, aussitôt, et, quelques instants après, ils étaient tous massacrés.

Un instant après, Simon et Jean de Giscala se présentaient pour parlementer, au milieu des regards haineux des Romains qui n'attendaient qu'un signe de leur général pour les accabler de dards.

— Tenez-vous en paix, leur dit Titus. Notre victoire est assez complète et je veux leur parler comme il convient à la noblesse de notre triomphe.

Ces deux chefs des factieux, qui avaient exercé sur ceux de leur propre nation une si horrible tyrannie, se voyant environnés de toutes parts par les troupes romaines et dans l'impossibilité absolue de fuir, avaient demandé à parler à Titus.

En ce moment déjà extrême, le César espérait encore que ces furieux se rendraient, confiants en sa sagesse et que cette reddition volontaire quoique tardive, terminerait enfin la guerre et permettrait de sauver, au moins, ce qui restait de la ville et des habitants, à défaut du Temple qu'une irrémédiable ruine avait atteint et dévasté.

Aussi, avait-il accepté de les entendre.

Jean et Simon entourés de Juifs sur le visage desquels on lisait l'anxiété et l'incertitude, avaient eu soin de laisser entre eux et les Romains, l'espace d'un pont qui joignait la ville haute avec le Temple et qui, de part et d'autre, était gardé par un grand nombre de soldats des deux partis.

Mais, avant même que Jean et Simon eussent pris la parole, Titus, ne pouvant se contenir, s'écria :

— Soyez assurés de ma bonté et de ma clémence, si vous voulez, enfin, abandonner une résistance aussi coupable qu'inutile. Que voulez-vous?

— Seigneur, répondit Jean au nom de tous, nous te demandons de nous pardonner et de nous laisser nous retirer dans le désert avec nos femmes et nos enfants; moyennant cette grâce, nous te livrerons la ville.

En entendant ces paroles, Titus vit le piège et, plein d'indignation :

— N'êtes-vous pas las, leur dit-il, alors, amèrement, d'avoir déchaîné tant de maux sur votre malheureuse patrie? Insensés! sur quoi donc aviez-vous fondé votre espérance, vous qui avez méprisé toutes les avances de ma bonté?

« Vous voici réduits à la plus extrême des misères, alors que ceux qui se sont rendus à ma clémence, jouissent de la paix et des biens honorables que je leur ai donnés!

. . . .

» Voyez votre œuvre!

» Vous êtes cause de tous ces maux! Quant à moi, je n'ai puni que les coupables et j'ai fait grâce aux malheureux!

» Votre Temple n'est plus, votre ville ne sera bientôt plus qu'un monceau de ruines dont mes soldats achèveront de déraciner les fondements.

» Que dis-je! son nom, même, sera effacé de la mémoire des hommes!

» C'est votre fureur aveugle, c'est votre folie sans égale qui sont cause de la ruine de votre peuple, de votre ville, de votre Temple, et c'est par elles que, vous-mêmes, êtes près de périr de la mort la plus malheureuse.

» Toujours factieux, depuis que Pompée a pris Jérusalem, vous n'avez pas cessé de vous soulever et vous en êtes venus, enfin, à déclarer aux Romains une guerre ouverte.

» Avez-vous songé à la folie de votre entreprise?

» Est-ce sur votre nombre que vous avec compté?

» Eh! que nous importe le nombre, à nous qui commandons à l'univers? Et c'est seulement une petite partie des troupes de l'empire qui vous a vaincus!

» Sur quels secours étrangers avez-vous compté? Toutes les nations nous sont assujetties et nous obéissent!

» Aviez-vous mis votre confiance dans vos murailles? Insensés! la mer elle-même nous a-t-elle empêchés de soumettre la Bretagne?

» Vous pensiez, peut-être, que votre courage était invincible, votre conduite impeccable, vos chefs éminents?

» Les Carthaginois avaient tous ces avantages et nous avons soumis les Carthaginois!

» Non, c'est la bonté des Romains qui a affolé votre audace, c'est leur noble magnanimité qui vous a rendus les plus téméraires des hommes!

» Comptez les bienfaits de l'Empire à votre égard:

» Nous vous avons donné des terres à posséder; nous avons conservé leur trône à vos rois; nous avons respecté les lois qui vous régissaient; nous vous avons donné la liberté de vivre dignement à vos yeux et à ceux des autres nations, et, ce qui est encore plus considérable, nous vous avons permis de lever des impôts pour le service de votre

Dieu et de continuer à lui offrir, dans votre Temple, des dons et des sacrifices.

» Enhardis par tant de condescendance, vous êtes devenus des vipères ingrates et féroces, vous préparant à toutes les révoltes et à tous les crimes.

» Considérez notre magnanimité : alors qu'il eut été facile de vous réduire au silence dès le début et lors de votre révolte contre Cestius, Vespasien, mon père, aurait pu venir, et comme je l'ai fait, ruiner votre capitale.

» Il se contenta de faire sentir l'effort de ses armes à la Galilée et aux provinces voisines et passa ensuite en Egypte, croyant vous avoir donné un profitable avertissement.

« Mais, vous prîtes sa bonté pour de la faiblesse et votre audace s'en accrut d'autant !...

» A la mort de Néron, lorsque mon père fut déclaré Empereur et que l'on me nomma César, vous profitiez des troubles de l'Empire pour vous préparer à la guerre, et lorsque l'Empire fut pacifié par notre gouvernement, qui avait rallié tous les partis, et que tous les peuples nous envoyaient des ambassadeurs pour nous témoigner leur joie et leur affection, vous continuâtes à vous déclarer nos ennemis, n'oubliant rien de ce que les plus scélérats de tous les hommes peuvent entreprendre et exécuter contre leurs bienfaiteurs.

» J'ai appris, alors, que vous opprimiez le peuple qui désirait la paix ; déjà, mon père m'avait donné, avec douleur, l'ordre de venir châtier votre ville, et, avant d'en rien faire, je vous ai exhortés à déposer les armes, promettant toute sûreté à ceux qui voudraient se retirer vers moi.

» Et je leur ai inviolablement gardé ma parole. J'ai pardonné à plusieurs prisonniers et puni seulement ceux qui les poussaient à la guerre. Je ne me suis servi qu'à l'extrémité, de mes machines ; j'ai modéré l'ardeur de mes soldats, pour sauver autant de vos vies que je l'ai pu.

» Après chacun de mes avantages sur vous, je vous exhortais, sans cesse, à la paix, agissant, victorieux, comme j'eusse agi si j'avais été le vaincu.

» Vous avez méprisé toutes mes grâces!...

» Quand je me suis trouvé près de votre Temple, au lieu de me servir, pour le ruiner, du droit que me donnait la guerre, je vous ai conjurés de le conserver et permis d'en sortir en toute assurance, pour en venir, ailleurs, à un combat, si vous aviez tant le désir de combattre.

» Vous avez méprisé mes paroles et c'est vous-mêmes qui avez mis le feu au Temple!

» Et vous osez venir, aujourd'hui, parlementer avec moi, comme s'il était encore en votre pouvoir de conserver ce que votre impiété n'a pas appréhendé de détruire et comme si la seule ruine de ce Temple ne vous rendait pas indignes de tout pardon!

» Vous poussez même l'audace et l'insolence, alors que vous feignez de venir comme suppliants, de vous présenter devant moi en armes!

» Sur quoi donc, misérables que vous êtes, vous fondez-vous pour vous montrer si audacieux?

» La guerre, la famine et vos horribles cruautés ont fait périr tout votre peuple; le Temple n'existe plus; la ville est en mon pouvoir; votre vie est entre mes mains et vous vous imaginez qu'il dépend de vous de la finir par une mort honorable!

» Votre folie est telle que je ne puis l'envisager plus longtemps sans pitié! Je dédaigne de la confondre davantage.

» Quittez les armes! abandonnez-vous à ma discrétion, je vous accorde la vie et je me réserve le reste pour en user comme un bon maître qui ne punit qu'à regret les crimes les plus irrémissibles!... »

Alors, les factieux jetèrent de grands cris, et Simon, prenant, à son tour, la parole, cria à Titus :

— Nous ne pouvons nous rendre à toi et nous ne le ferons pas, parce que nous nous sommes engagés par serment à ne jamais commettre cette lâcheté. Accorde-nous, sur ta parole, ce que nous t'avons demandé et nous nous retirerons en paix.

— C'en est trop, misérables! s'écria Titus, avec colère de voir tant de cynisme. Quoi! vous êtes déjà mes captifs et mes prisonniers et vous avez la hardiesse de me proposer des conditions comme si vous étiez victorieux!

» Sachez que, de ce moment, je serai pour vous sans pitié; quand même vous voudriez, dorénavant, vous rendre à discrétion je ne recevrai plus votre soumission. Tâchez de vous bien défendre et de vous sauver, si vous le pouvez, car je vous le déclare, je ne pardonnerai pas à un seul d'entre vous, et je vous traiterai avec la plus sévère rigueur. »

. . . .

Ayant ainsi parlé, Titus se détourna avec dégoût de ces forcenés impudents, et, s'adressant à ses soldats :

— Allez, leur dit-il, mes braves amis, je vous abandonne maintenant cette ville irréductible et fourbe, je vous permets de la piller, et d'y mettre le feu.

. . . .

Dès le lendemain, les Romains brûlaient le trésor des chartes, le palais Acra, celui où l'on rendait la justice, et l'immense incendie se propageant avec une rapide fureur, gagna jusqu'au palais de la reine Hélène qui occupait le sommet du mont Acra, consumant d'innombrables maisons et brûlant, en même temps, les cadavres dont les rues étaient pleines.

Ce jour-là même, les fils et les frères du roi Isate accompagnés de plusieurs personnes de la noblesse, vinrent se rendre à Titus et le supplier de les recevoir.

Le César y consentit, par un dernier sentiment de bonté. Il les fit mettre sous bonne garde afin de les ramener prisonniers à Rome.

Cependant, les factieux n'étaient pas réduits et ils continuaient, non seulement à combattre les Romains sur divers points de la ville, mais encore à exterminer leurs propres compatriotes.

Sans relâche, les soldats de Titus les poursuivaient après les avoir chassés de la ville basse ; les Romains en avaient incendié tous les quartiers jusqu'à la fontaine de Siloé, sans trouver d'autre plaisir que de regarder le feu dévorer tout, car il n'y avait aucun pillage à y exercer, les factieux ayant, depuis longtemps, tout concentré dans la ville haute.

Loin de s'affliger de l'extrémité à laquelle ils étaient réduits, ces misérables se réjouissaient à la pensée qu'en mourant, ils ne laisseraient rien du Temple et de la ville, que le peuple, lui-même, serait exterminé et que les ennemis ne trouveraient plus sur ces lieux désolés, rien qui pût les faire jouir de leur victoire.

La seule espérance qui leur restait était de se cacher dans les égoûts, jusqu'à ce que les Romains se fussent retirés, après la ruine entière de la ville, et d'en sortir, alors, librement.

Dans cet espoir, chimérique, puisque, ni la vigilance des Romains ni la justice de Dieu ne devaient leur permettre de le réaliser, ils mettaient eux-mêmes le feu partout, avec plus de fureur encore que les Romains et massacraient ceux qui, pour éviter d'être brûlés, s'enfuyaient, en même temps qu'eux, dans ces lieux souterrains.

La ville haute restait à prendre, et elle était si avantageusement bâtie qu'elle semblait inaccessible.

Titus ordonna d'élever de nouvelles terrasses, travail difficile, les bois d'alentour ne possédant plus un seul arbre, et le feu ayant anéanti tous les matériaux dont on aurait pu se servir dans la ville basse.

Cependant les Romains, partagés en deux camps de travailleurs, se mirent à l'œuvre.

Quatre légions travaillèrent à l'Occident, du côté opposé

au palais royal, pendant que les troupes auxiliaires se mirent
à l'œuvre vers la galerie qui était voisine du pont et du fort
que Simon avait fait construire lorsqu'il se battait contre
Jean de Giscala.

Pendant ce temps-là, les chefs des Iduméens s'assemblèrent secrètement et tinrent un conseil dont la conclusion
fut qu'il serait préférable de se rendre que de prolonger plus
longtemps une aussi horrible situation.

Dans ce but, ils envoyèrent vers Titus cinq députés, pour
le prier de les recevoir.

— Vous venez bien tard faire appel à ma clémence, leur
répondit le César, et je devrais fermer l'oreille à votre prière.
Cependant, je préfère faire encore acte de bonté envers vous,
dans l'espoir que Jean et Simon, en se voyant abandonnés de
vous qui constituez la majeure partie de ses forces, ne résis-
teront pas davantage. Retournez donc vers ceux de votre
nation qui vous ont envoyés et portez-leur, de ma part,
l'assurance du pardon.

Les envoyés des Iduméens remercièrent Titus et retournèrent auprès des leurs, rendre compte de leur mission et de
leur succès.

Sur cette assurance, tous, alors, se préparèrent à venir
faire leur soumission.

Mais Simon découvrit leur dessein, fit tuer les cinq députés
et emprisonner les chefs des Iduméens, tandis qu'il faisait
étroitement surveiller les autres pour les empêcher de fuir.

Toutefois, ils réussirent à tromper sa surveillance et,
quoiqu'il en fit tuer plusieurs, un grand nombre parvint,
néanmoins, à gagner le camp des Romains.

Titus les reçut avec clémence.

Quarante mille d'entre eux eurent la permission de se
retirer où ils voudraient. Parmi les autres, une grande
multitude fut vendue à vil prix, faute d'acheteurs, et les
plus coupables, seuls, furent mis à mort.

Dix jours après, les machines de guerre battaient les murailles de la ville haute où, déjà, des brèches s'ouvraient au triomphe définitif des Romains.

A cette vue, les factieux perdirent leur dernière espérance. Bientôt, les béliers attaquèrent quelques-unes des tours, au grand effroi de ceux qui les défendaient et les croyaient imprenables.

Pendant ce temps-là, Simon et Jean, furent saisis d'une frayeur si grande que, s'imaginant le mal plus grand qu'il n'était, ils ne songèrent plus qu'à s'enfuir au plus vite.

C'est ainsi qu'ils abandonnèrent les trois formidables tours d'Hippicos, Phazael et Mariamne dont la force était si extraordinaire qu'aucune machine de guerre n'eut pu les entamer.

Mais Dieu qui avait condamné Jérusalem, ne devait pas permettre que quelques murs fissent échec à sa vengeance et, pour bien montrer son action providentielle, il ne permit même pas que les Romains fussent obligés de les abattre pour les prendre.

Tandis que Jean et Simon, accompagnés de leurs derniers partisans, s'enfuyaient vers la vallée de Siloé, les Romains plantaient triomphalement leurs étendards sur ces célèbres tours, avec des cris de joie et de triomphe, ne pouvant croire qu'ils fussent enfin arrivés au bout de tant de travaux et qu'il n'y eut plus de mur à forcer ni de position à conquérir de nouveau.

Répandus dans toute la ville, les soldats tuaient tous ceux qu'ils rencontraient et incendiaient toutes les maisons avec tous ceux qui s'y étaient réfugiés.

Parfois, les maisons ne contenaient que des cadavres de familles entières victimes de la faim.

Tel était le nombre des corps entassés les uns sur les autres, que les rues en étaient obstruées et que le sang, dans lequel la ville semblait nager, éteignait le feu en plusieurs

Le concert le plus affreux de cris et de lamentations déchirait les airs. (P. 117.)

points, de telle sorte que le carnage cessant le soir, l'embrasement reprenait ses droits et s'augmentait la nuit.

A la vue de ces imprenables citadelles, Titus ne put retenir son admiration.

— Comment, s'écria-t-il, les tyrans ont-ils été si imprudents d'abandonner de pareilles retraites! Jamais je n'eusse pu parvenir à forcer ces tours, s'ils ne s'en fussent enfuis. Assurément, Dieu a combattu avec nous, les instruments de sa colère, et c'est lui qui a chassé les juifs de ces châteaux, car il n'y a pas de machines ni de forces humaines qui eussent pu les en expulser!...

Quand les portes en furent ouvertes, il mit en liberté ceux que les tyrans y avaient emprisonnés, et, après avoir donné l'ordre de tout ruiner aux alentours, il décida de conserver ces tours comme monument du bonheur inespéré qui les lui avait livrées.

Le nombre des prisonniers était si grand, que, la nourriture leur manquant, une grande quantité périssaient chaque jour.

Les Romains étaient las de tuer, et les cadavres s'amoncelaient en telle quantité qu'on ne pouvait plus passer dans les rues et que la puanteur de l'air était épouvantable.

Le siège avait fait périr onze cent mille personnes; quatre-vingt dix-sept mille étaient prisonniers des Romains.

Titus avait ordonné d'épargner tous ceux qui ne se défendaient pas.

Mais, contre ses ordres, les soldats tuèrent un grand nombre de vieillards, de femmes et d'enfants.

Les plus robustes et les mieux faits furent réservés pour le triomphe; les voleurs et les séditieux furent exécutés; un grand nombre de jeunes hommes furent envoyés en Egypte pour travailler aux ouvrages publics; beaucoup d'autres furent distribués dans les provinces, pour servir à des spectacles de gladiateurs et à des combats contre les bêtes féroces ; une multitude fut vendue comme du bétail.

Le nombre des victimes de cette guerre était très grand, parce que la fête de Pâques ayant attiré à Jérusalem, selon la coutume, une grande foule de Juifs de toutes les provinces et même de l'étranger, ils avaient été surpris par les événements et englobés dans les catastrophes qui les accompagnèrent.

En ces temps de fête, en effet, la multitude était si grande à Jérusalem et aux alentours de la ville, que le gouverneur Cestius, voulant en donner le nombre approximatif à Néron, avait reçu des sacrificateurs le chiffre de deux millions cinq cent cinquante-six mille personnes, établi d'après le compte des animaux sacrifiés dans le Temple, en ces jours solennels.

Jamais, dans les annales du monde, on n'avait vu Dieu frapper si cruellement un aussi grand nombre de peuple par tous les fléaux réunis.

Les Romains tuaient toujours, fouillant jusque dans les égoûts et dans les sépulcres, afin que personne n'échappât à la vengeance.

Le dégoût eut dû les écarter de ces lieux pleins de cadavres d'où se dégageait une horrible puanteur, mais l'espoir d'en retirer des trésors cachés leur faisait vaincre toutes les répugnances.

Jean s'y était réfugié, et bientôt vaincu par la faim qui le torturait, il osa implorer la miséricorde des Romains qu'il avait tant de fois insultés et méprisés. On se saisit de lui et on le condamna à une prison perpétuelle.

Quant à Simon, après avoir lutté le plus longtemps possible contre sa mauvaise fortune, il se rendit et fut gardé captif avec soin, afin de servir au triomphe.

Les Romains continuèrent à ruiner la ville de fond en comble, à l'exception d'un pan de mur qui regardait l'Occident, où Titus voulait construire une citadelle, et des tours Hippicos, Mariamne et Phazael, derniers vestiges de la splendeur ancienne d'une cité où il ne paraissait plus maintenant qu'il y eut eu des habitants et des maisons.

TROISIÈME PARTIE

LE LENDEMAIN DU SEIGNEUR

———

I

LE PÈRE ET LE FILS.

Lentement, les armées Romaines évacuaient la Judée et reprenaient le chemin de la capitale de l'Empire, traînant après elles d'innombrables prisonniers, d'immenses richesses et d'énormes quantités d'objets d'art de toutes sortes qui devaient figurer, au jour du triomphe de Titus, dans la ville de Romulus.

. . . .

Un vieillard accablé par les ans, épuisé par d'énormes privations, descendait des rochers désolés qui environnent Jérusalem, dans les endroits inaccessibles de ses alentours.

Il marchait péniblement, portant sur son dos un léger bagage, et appuyé sur un bâton de palmier qui soutenait sa marche chancelante.

Il leva les yeux vers ce qui avait été Sion et, devant ce qui restait de la glorieuse et splendide Jérusalem, il ne put retenir ses larmes et ses sanglots.

A peine quelques pans de muraille, des restes de

tours démantelées, parmi les débris des marbres calcinés.

Çà et là, quelques foyers couvaient encore, et, parfois, des jets de flammes s'élevaient, rompant la monotonie des filets de fumée bleuâtre et tranquille qui montaient, en spirales, vers le ciel.

Sur cette montagne où l'Arche sainte avait si longtemps reposé au milieu des royales splendeurs de la dernière merveille du monde, il ne restait plus que des murs lézardés, noircis et calcinés.

Là, les trompettes sacrées avaient, pendant des siècles, annoncé les solennités du Seigneur; là le sacrifice perpétuel, avait témoigné à Jéhovah la dévotion de son peuple; là, l'encens avait fumé incessamment devant le Saint des saints; là, maintenant, planait le deuil le plus affreux que la langue humaine puisse exprimer; là, ne régnait plus que le souvenir dès grandeurs éteintes et l'effroi des funérailles de tout un monde de morts et de vaincus.

Un tremblement affreux saisit le vieillard, à ce spectacle épouvantable, il voulut crier à Jéhovah, l'un des psaumes les plus douloureux de David, et la voix s'arrêta dans sa gorge qui ne put rendre que de rauques et lugubres sanglots.!

L'état de son âme n'avait plus qu'un nom : la stupeur!

. . . .

— Eh bien! père, dit une voix à son oreille; que Dieu soit béni de vous avoir conservé à notre affection. Il est pour nous un plus grand miracle que la vue de ces ruines qui ne nous surprennent pas, malgré leur grandiose horreur, puisque Notre-Seigneur Jésus-Christ avait prédit les catastrophes de Jérusalem et de Sion telles qu'elles viennent de se produire, et ce miracle, plus grand que tous, pour nous, c'est de vous retrouver ici, vivant parmi ces ruines et ces cadavres!

. . . .

Mais le vieillard, prosterné contre terre et les bras étendus, ne répondait pas, et l'on pouvait croire qu'il était plongé dans une prière profonde qui suspendait momentanément en lui les fonctions normales de la vie.

. . . .

— Schémouel-ben-Joakim, prononça le jeune homme, reconnaissez votre fils Jacoub et votre fille Rebecca, revenus, eux aussi, sur ce théâtre de la vengeance de Dieu. Soyez convaincu! croyez en Jésus-Christ Notre-Seigneur et notre Dieu, fils de Jéhovah qui lui a transmis sa puissance et l'a revêtu de sa force, pour la rédemption d'Israël et du monde! O père, soyez chrétien, couronnez votre vieillesse en adorant Jésus-Christ dont ces ruines attestent la divinité!

. . . .

Mais le vieillard ne répondait pas.

Ils se baissèrent, alors, pour le relever et lui demander s'il les entendait.

Schémouel-ben-Joakim n'avait pu soutenir la vue d'un tel naufrage. Le vieux sacrificateur n'avait pu regarder les ruines de son antique autel et les décombres de son Temple, sans être atteint de la foudre.

Il était mort!...

II

LE CHEMIN DE ROME.

Titus, avant de repartir pour la capitale de l'Empire, établit, en garnison, sur les ruines de Jérusalem, la dixième légion avec un corps de cavalerie et un corps d'infanterie; puis, il pourvut à toute éventualité et voulut donner à son armée les louanges qui lui étaient dues et récompenser ceux qui s'étaient le plus signalés dans cette mémorable guerre.

Un grand tribunal fut dressé au milieu du camp et tous les soldats, sous les armes, l'entourèrent, dans un silence respectueux.

Bientôt, le César apparut, entouré de ses gardes et annoncé par l'éclat des trompettes.

Il monta sur le trône qui lui avait été préparé et, d'une voix éclatante qui fut entendue de toute l'armée attentive à ses paroles :

— Soldats! s'écria-t-il, vous avez bien mérité de l'Empire et je ne veux pas quitter ces régions témoins de votre courage, sans vous exprimer combien je vous sais gré de votre affection, de votre obéissance et de la valeur que vous avez déployée au milieu de tant de périls et de difficultés.

« Grâces à vous, les bornes de l'Empire romain sont

encore reculées et toute la terre a vu et saura que, ni la multitude des ennemis, ni les avantages dont la nature avait doté ces provinces, ni la grandeur des villes, ni le courage de ceux qui les défendent, ne peuvent soutenir l'effort des armées Romaines!

» Je ne saurais rien ajouter à la gloire dont vous vous êtes illustrés en terminant une guerre commencée depuis si longtemps, et à l'honneur que le monde entier vous fait en vous remerciant, par tant d'acclamations, du choix que vous avez fait sagement de mon père et de moi pour nous élever à l'Empire.

» Je ne puis vous décerner plus de louanges, mais, je veux récompenser par des honneurs et des grâces particulières ceux d'entre vous qui se sont le plus signalés, afin que vous sachiez tous qu'autant j'ai eu regret d'être obligé de punir les fautes que quelques-uns ont commises, autant je prends plaisir à reconnaître le mérite de ceux qui ont été les fidèles et glorieux compagnons de mes travaux.

» J'ordonne donc à mes officiers de nommer publiquement ceux qui se sont le plus distingués par des actions illustres, et j'invite ceux-ci à répondre, ici même, à l'appel de leurs noms. »

Aussitôt, les officiers qui l'entouraient lui remirent leurs tablettes et le César, lui-même, proclama les noms des plus braves.

Chacun s'avança à l'appel de son nom, et, à chacun, il donnait un mot de louange et d'amitié.

Aux uns, il posait, de sa main, des couronnes d'or sur la tête; à d'autres, il donnait des javelots d'honneur à la pointe d'or, des chaînes d'or, des médailles d'argent, des monnaies, de riches habits et quantité d'autres sortes de présents précieux provenant de l'immense butin pris sur l'ennemi.

Tous les plus braves ressentirent les effets de sa libéralité, et quand il eut achevé sa distribution, ce fut au milieu des acclamations du plus délirant enthousiasme, qu'il descendit de son tribunal pour offrir, sur un autel, des sacrifices en actions de grâces de sa victoire.

Un grand nombre de bœufs furent immolés ainsi, et leur chair, distribuée aux troupes, servit, pendant trois jours, à de joyeux festins.

De là, le César, après avoir donné ses ordres, partit pour Césarée où il laissa, en attendant son retour à Rome, ses prisonniers et l'immense quantité de ses dépouilles.

Cependant, Vespasien qui, pendant le siège de Jérusalem, était parti pour l'Egypte, s'embarquait à Alexandrie pour revenir à Rome.

Partout, sur son passage, il recevait les hommages enthousiastes des villes qu'il abordait.

Après avoir navigué d'Egypte en Ionie, d'Ionie en Grèce, de Grèce à Corfou et de là en Esclavonie, il prit la route de terre et chaque pas qui le rapprochait de Rome était une marche triomphale.

Toutes les villes de l'Italie par lesquelles il passa, l'acclamèrent, et Rome, enfin, le reçut comme un libérateur.

Le peuple ne pouvait contenir sa joie. Le Sénat, qui se souvenait des maux atroces qu'il avait soufferts sous Néron, et que l'Empire avait endurés pendant les troubles qu'avait produits la succession des derniers empereurs, était heureux d'avoir pour maître un illustre capitaine que ses cheveux blancs et l'éclat de tant de glorieuses victoires rendait si vénérable.

Chacun chantait, à l'envi, ses vertus et fondait sur son règne les plus heureuses espérances.

Nul ne doutait qu'il n'apportât tous ses soins à faire le bonheur de tous ses sujets.

Les soldats, surtout, qui n'avaient pas oublié les maux que l'ignorance et la lâcheté des anciens Empereurs leur avaient causés, se félicitaient d'avoir choisi un homme qui, par ses rares qualités militaires, était le plus sûr gardien de leur honneur.

Les chrétiens eux-mêmes, à peine sortis des affreuses persécutions que la folie furieuse de Néron avait déchaînées sur eux, saluaient en Vespasien un homme juste et pacifique qui respecterait leurs droits.

Aussi, dans de tels sentiments, l'impatience était grande dans tous les rangs de la société, de saluer le nouvel empereur, et il n'était personne qui eut la patience d'attendre l'heure de son entrée dans la ville.

Une foule immense où toutes les classes étaient mêlées, se mit en marche pour aller à sa rencontre, dès qu'on apprit qu'il approchait de Rome.

Les femmes et les enfants eux-mêmes, se portaient à l'envi au-devant de ses pas, l'acclamant, dans les transports de la joie la plus frénétique, comme leur bienfaiteur, leur libérateur, le seul homme digne d'adjoindre à ses lauriers la couronne impériale.

Les fleurs jonchaient les routes, de leurs pétales effeuillés; les parfums, répandus ou brûlés à profusion, embaumaient l'air, de toutes parts, et la foule était si dense qu'à peine si l'empereur pouvait avancer dans ses rangs, pour aller au palais.

Il offrit des sacrifices aux dieux de la patrie, selon l'usage, pour rendre grâces au Ciel de son heureux avènement au trône.

Et, dans toute la ville de Rome, on n'entendait que des chants de joie, on ne voyait que des festins et des gens radieux qui faisaient des vœux pour que le ciel conservât longtemps à l'Empire un si grand prince, et fit régner après lui, ses enfants, avec le même bonheur, ainsi que toute sa postérité.

Cependant, Titus, informé de ces événements par des lettres de son père, se réjouissait de tant de bonheur et hâtait son retour en Italie.

Il lui fallait repasser par Jérusalem et, devant cette affreuse solitude, au lieu de se réjouir comme les implacables conquérants, il ne put que gémir avec une compassion profonde et une invincible tristesse, au souvenir des splendeurs antiques de cette superbe cité réduite, aujourd'hui, en cendres à peine refroidies.

Sur ces ruines, une volée de vautours tournoyait, sous ces débris, il y avait encore d'immenses richesses que les Romains mettaient incessamment à jour, profitant des indications de leurs prisonniers.

Titus, poursuivant son chemin vers l'Egypte, ne fit que passer à travers cette déplorable solitude; il emmenait avec lui les prisonniers qui devaient servir à son triomphe, ainsi que Jean et Simon, les deux chefs des factieux qu'il enchaînerait à son char.

III

— Que disent les *Acta diurna?* demanda un Romain qui se promenait indolemment sous les colonnades des portiques du Forum romanum.

— De grandes nouvelles ! Notre César arrive aujourd'hui à Rome et triomphe demain, jamais on n'aura vu une pareille fête depuis Scipion l'Africain.

— Bah ! le divin Néron n'est pas si loin de nous !

— Néron n'était qu'un polichinelle et un saltimbanque, par Jupiter ! mais Titus est un grand homme, il s'est couvert de gloire dans les plaines de la Judée et a pris cette ville de Juifs qui se croyait imprenable et que nous pensions trop facile à prendre.

« Il paraît que le spectacle de ces ruines est aussi lugubre que pittoresque. César rapporte d'immenses richesses et ramène des prisonniers en grand nombre, on ne saura qu'en faire. »

— Les esclaves ne seront pas chers, cette année, par Bacchus !

— Heureusement ! la hausse de cette denrée était par trop forte, depuis quelque temps, vraiment. Et de l'or ! il paraît qu'on en ramène des quantités tellement fabuleuses qu'il va perdre, dans les basiliques, la moitié de sa valeur, comme le fait s'est déjà produit en Syrie.

— Etonnante campagne!

— Jupiter a protégé nos armes!

— Gloire à Jésus-Christ! dit un homme qui passait, drapé dans une chape de couleur sombre. Lui seul tient entre ses mains les destinées des nations!

— Que veut celui-ci? dit curieusement le premier interlocuteur.

— C'est un chrétien, contempteur de nos dieux! Ces gens-là ont toujours besoin de mêler leur mot à la conversation des autres, dit le second interlocuteur. Quand Néron les chassait comme des sangliers, ou les faisait transformer en chandelles de jardin, ils n'étaient pas aussi fiers.

— En effet, voilà des gens qui ont, j'imagine, de la chance que l'on ait à penser à autre chose qu'à leur peau, pour l'instant. Mais, bah! les plus beaux jours ont un lendemain et je ne serais pas étonné de les voir, bientôt, payer cher leurs insolences.

— Enfin, ces malheureux Juifs sont réduits au silence! c'est un peuple fini?

— Je le crois! Nous allons être débarrassés de leur turbulence et de leurs émeutes. Ceux du Transtévère n'oseront plus sortir de leurs repaires.

— Notre César a fait preuve de magnifiques qualités dans la guerre; voilà un homme qui nous reposera des Néron, des Galba, des Vitellius, des Othon!

— *Vale!...*

— *Salve!*

Les deux amis se séparèrent pour aller, chacun à ses affaires, ou, peut-être, à sa flanerie ou à ses plaisirs.

L'homme au manteau avait poursuivi son chemin vers le *vicus patricius*.

Arrivé dans ce quartier aristocratique, il entra librement et sans se gêner dans une somptueuse demeure où de nombreuses autres personnes entraient en même temps que lui.

Il y était connu, car beaucoup d'entre elles le saluaient, en passant.

Il traversa le vestibule et l'atrium de la noble maison de Pudens où le successeur de Pierre logeait ostensiblement en ces jours de tranquillité relative pour l'Eglise.

Comme il se dirigeait, par la colonnade intérieure, vers cette salle tant de fois illustrée par la présence de Pierre, un jeune homme, vêtu d'une dalmatique, le salua :

— La Paix soit avec toi, Justus, prêtre de Jésus-Christ! dit ce dernier avec déférence.

— Et avec ton esprit, Reparatus, diacre de la sainte Eglise! répondit le prêtre. Tu connais les dernières nouvelles de Rome?

— Dis-les moi.

— Volontiers; la prophétie de Notre-Seigneur Jésus-Christ est accomplie. Jérusalem n'est plus qu'un monceau de ruines, un amas de pierres informes les unes sur les autres. Titus, l'exterminateur des Juifs, rentre aujourd'hui à Rome, chargé des dépouilles opimes de la Judée. Et c'est demain que nous fêtons la glorieuse naissance du Sauveur des hommes parmi nous, Reparatus! Quel rapprochement! Quel enseignement!

— Les desseins de Dieu sont impénétrables, répondit le diacre Reparatus en levant les yeux au ciel; nul ne peut sonder le mystère respectable des voies du Seigneur. Il y a aujourd'hui moins d'un siècle qu'en une pauvre bourgade de la Judée naquit un frêle enfant qui portait en lui le Mystère du ciel et de la terre.

En ce moment, un chœur de voix éclatantes chantait la parole du psaume :

« *Quare fremuerunt gentes, et populi meditati sunt inania!* [1] »

— Oui! dit Justus, en secouant la tête, pourquoi! les insensés!...

Un murmure confus se fit entendre, puis, les voix reprirent avec le même éclat :

« *Reges eos in virga ferrea, et tanquam vas figuli confringes eos!* [2] »

— C'est fait! dit Reparatus, la verge de fer s'est abattue sur ces vases aussi orgueilleux que fragiles et les voilà brisés pour toujours!

. . . .

Ils pénétrèrent ensemble dans la salle d'où partaient les voix et se joignirent au peuple chrétien qui priait autour d'un autel derrière lequel le pape Clet présidait, assis sur la vénérable chaire de Pierre.

Et une voix pleine d'un doux, mais solennel enthousiasme, se mit à chanter le psaume :

« Venez, chantons la joie du Seigneur, et l'allégresse de Dieu notre salut! Adorons son auguste Face et célébrons ses louanges!

» Le Christ nous est né! Venez, adorons-le!

» C'est que le Seigneur Dieu est grand, comme un roi, il surpasse tous les dieux. Il ne repoussera pas son peuple, Lui qui tient entre ses mains toutes les terres et leurs frontières, et les altitudes sereines des montagnes.

» Adorons-le!...

(1) Pourquoi les nations ont-elle frémi et pourquoi les peuples ont-ils tramé de vains complots.

(2) Seigneur, vous les conduirez avec une verge de fer et vous les briserez comme des vases de terre.

» La mer est son ouvrage ; ses mains l'ont tirée du néant aride ; adorons-le, prosternons-nous devant lui, le Seigneur qui nous a créés, car il est notre Dieu, nous sommes son peuple et les brebis de ses pâturages !

» Le Christ nous est né ! Adorons-le !...

» Si vous entendez sa voix, n'endurcissez pas votre cœur, comme au jour du murmure et de la tentation, dans le désert, où vos pères me tentèrent, et, voulant éprouver mà puissance, virent, ensuite, les miracles que je fis.

» Adorons-le !...

» J'ai supporté ce peuple avec peine et dégoût, pendant quarante années, et j'ai dit en moi-même : Ce peuple se laisse toujours emporter dans les égarements de son cœur ; il ne connaît pas mes voies et ma conduite ; aussi, j'ai juré, dans ma colère, qu'ils n'entreront pas dans mon bonheur et dans mon repos.

» Le Christ est né pour nous ! Adorons-le !...

» Gloire au Père, au Fils et au Saint-Esprit, aujourd'hui et toujours et dans la perpétuité des siècles !

» Le Christ est né pour nous ! Adorons-le !... »

IV

LA ROUTE DU CAPITOLE.

Titus, ayant profité d'un bon vent, arriva promptement à Rome et, comme son père Vespasien, y fut reçu avec de grandes démonstrations de joie.

Vespasien voulut, accompagné de son autre fils Domitien, aller, lui-même, au-devant de son illustre fils et, quoique le sénat eut décrété, pour chacun d'eux, un triomphe spécial, Vespasien et Titus voulurent triompher ensemble, le même jour, dans un seul et unique cortège.

Dès le matin, toute la population de Rome était hors de ses demeures, et la multitude immense remplissait les rues et les portiques des édifices, se massait sur les stylobates des temples, encombrait les fenêtres, les corniches, les entablements des colonnes, les toits des maisons et des palais et jusqu'aux arbres des rues dont les branches craquaient sous le poids des grappes humaines qui y étaient suspendues.

Pas un seul homme, parmi cette foule, qui ne voulût être témoin de la pompe triomphale.

La presse était si grande, qu'à peine restait-il un passage pour le cortège des deux Empereurs. Avant que l'aurore eut paru dans le ciel, tous les gens de guerre, à la suite de leurs chefs, se rendirent au temple d'Isis, qui se trouvait près des portes de la ville, pour y saluer le réveil des deux princes qui y avaient passé la nuit.

Comme le jour commençait à paraître, ils sortirent, couronnés de lauriers et vêtus de pourpre et de soie, pour se rendre au cours d'Octavie où le sénat en corps, les plus grands seigneurs de l'Empire et les chevaliers romains les attendaient.

Sous le portique d'Octavie, avait été élevé un trône avec des sièges d'ivoire.

Les deux empereurs, couronnés de lauriers et sans armes, s'y assirent.

Alors, les guerriers les complimentèrent de leurs sublimes actions et de leur haute vertu, dont ils avaient été les témoins.

Comme leurs acclamations ne cessaient pas, Vespasien, par modestie, leur imposa silence.

— Assez! mes amis, leur dit-il, il est temps de rendre grâces aux dieux.

Il se leva, alors, et, couvrant, en partie, sa tête avec un pan de son manteau, fit les prières et les vœux accoutumés.

Titus l'imita.

Puis, Vespasien, après avoir fait aux troupes un bref discours, leur dit :

— Allez, maintenant, mes amis, vous livrer à la joie et au festin qui vous a été préparé selon la coutume.

Ensuite, accompagné de Titus, il se rendit à la porte triomphale par laquelle, seulement, devait passer la pompe des triomphes.

Les Empereurs y prirent un repas et y offrirent des sacrifices aux dieux de Rome dont les statues ornaient cette porte.

Puis, la pompe triomphale se mit en marche, véritable féérie que le peuple ne pouvait se lasser d'admirer et d'applaudir.

Jamais triomphateur n'avait eu un cortège aussi superbe.

Il surpassait, en magnificences, les rêves de l'imagination elle-même, par la beauté des objets qui y figuraient, aussi

bien que par la quantité des richesses que les triomphateurs
traînaient après eux, au milieu des représentations et de la
mise en scène les plus variées.

On eut dit que là était réuni tout ce que les nations les
plus opulentes avaient pu amasser de plus précieux à travers le cours des siècles ; tout ce que le monde contenait de
plus rare et de plus merveilleux semblait rassemblé là pour
la gloire éclatante de l'Empire.

L'or, l'argent, l'ivoire y brillaient en telle profusion,
dans un nombre si grand d'ouvrages, qu'ils paraissaient
plutôt entassés par un délirant caprice qu'utilisés pour la
décoration même de la pompe triomphale.

Vêtements de pourpres aux riches broderies babylonien-
nes, couronnes d'or ruisselantes de pierreries, statues des dieux
faites, selon l'art le plus pur, de la matière la plus précieuse.

Toutes sortes d'animaux étrangers et rares conduits par
des hommes vêtus d'habits somptueux où la pourpre et l'or
rivalisaient d'éclat et de richesse, précédaient les captifs,
ornés de si beaux vêtements, que leur tristesse, même, en
paraissait atténuée.

Des chars, enrichis d'or et d'ivoire, représentaient aux
yeux les diverses phases de la guerre : Provinces fertiles
ravagées, troupes taillées en pièces, ou mises en fuite,
soldats faits prisonniers, murailles puissantes renversées,
châteaux pris et ruinés, villes opulentes emportées d'assaut,
armées entrant par la brèche et passant les habitants au fil de
l'épée, temples en flammes, maisons en ruines, torrents de
sang luttant avec d'horribles incendies, navires en marche,
portraits de ceux qui s'étaient montrés des héros de part et
d'autre, telles étaient les représentations que la pompe triomphale offrait aux yeux émerveillés du peuple avec une telle
vérité d'expression qu'on eut pu croire à des scènes naturelles.

Une énorme quantité de dépouilles de toutes sortes
venaient ensuite, parmi lesquelles les plus admirées et les

plus précieuses étaient celles du Temple de Jérusalem :

La Table d'or qui pesait plusieurs talents et ce fameux candélabre d'or fait avec tant d'art d'une colonne d'où sortaient, comme d'un tronc, sept branches au bout de chacune desquelles était un chandelier en forme de lampe, puis, de nombreux vases précieux pris dans le trésor du Temple.

Enfin, plusieurs figures de la Victoire, toutes d'or et d'ivoire, s'avançaient, précédant Titus devant lequel marchait Vespasien, tandis que Domitien, à côté d'eux, montait un magnifique coursier.

Selon la coutume antique, Vespasien et Titus montèrent au Temple de Jupiter Capitolin pour s'y arrêter, en attendant l'exécution du chef des ennemis.

Du milieu des rangs des prisonniers, les licteurs tirèrent Simon de Gioras, le chef des factieux vaincus, qui fut traîné jusque devant le Temple, avec une corde au cou.

Après avoir été battu de verges, il fut emmené dans le grand marché et exécuté sur le lieu destiné à cet usage.

Puis, des hérauts vinrent annoncer au peuple que justice était faite.

A cette nouvelle, d'immenses salves d'applaudissements retentirent, puis, des sacrifices et des prières furent offerts aux dieux.

Quand ils furent achevés, les Empereurs se retirèrent dans le palais où ils firent un grand et splendide repas.

Et, dans la ville entière, on célébra, dans les danses et les festins, la fin des guerres civiles et le retour tant désiré de la paix.

Vespasien bâtit le Temple de la Paix afin d'y placer, parmi les splendeurs de l'architecture et de la peinture, comme en un musée, toutes les œuvres d'art enlevées aux nations vaincues.

Parmi elles, figurèrent la table et le chandelier d'or, au milieu des autres dépouilles du Temple de Jérusalem, à l'exception des tables de la Loi et des voiles de pourpre du sanctuaire, que Vespasien voulut conserver dans son palais.

V

Jésus, dit la légende et chante la complainte populaire, après avoir subi tous les outrages, enduré toutes les tortures, essuyé toutes les insultes, s'en allait, chargé du bois de son sacrifice, à travers les rues de Jérusalem, pliant sous le faix écrasant du lourd instrument de son supplice.

Il n'était pas encore arrivé à la porte judiciaire, près de laquelle on affichait les sentences d'exécution, lorsque, succombant sous la fatigue et la douleur, il demanda à l'un des Juifs qui l'accompagnaient, de l'aider à traîner son énorme croix.

Mais le Juif haineux lui répondit, avec une insolente dureté :

— Marche!...

Et le doux Sauveur lui dit :

— Tu marcheras, toi-même, pendant plus de mille ans, non pas sans ressources, mais sans repos, car Dieu qui t'enlèvera ta maison, te livrera les routes de l'univers et te laissera une obole pour perpétuer en toi et en tes descendants, le fruit de la malédiction.

Et, depuis ce temps-là, le Juif, sans patrie, erre sur tous

les chemins du monde, portant sa bourse où l'obole de la réprobation demeure inépuisable, comme la réprobation elle-même.

Maître du monde, par délégation de Mammon, il en est resté le maudit, par la colère de Dieu.

Mille ans ont passé, le deuxième millenaire s'achève, et le Juif marche toujours!

. . . .

La prise de Jérusalem et des places fortes de la Judée avait définitivement consacré la suprématie de Rome sur cette région.

Mais elle était loin d'être entièrement soumise encore à l'Empire.

Le ferment des révoltes et des revendications n'était pas éteint dans le cœur de ce peuple au col roide qui préférait, follement trompé par des espérances vaines, l'anéantissement à la servitude.

Des deux principaux chefs des factieux, l'un, Simon, le plus redoutable, avait, comme nous l'avons vu, été immolé, à la suite du triomphe des empereurs, l'autre était mort asphyxié dans un égoût par lequel il avait tenté de fuir.

Mais il restait de nombreux membres de ce double parti à demi écrasé, qui fomentaient encore des troubles dans plusieurs villes de la Judée et des pays circonvoisins, cherchant à se recruter de nouveaux partisans et à opprimer ces cités comme ils avaient opprimé Jérusalem.

Parmi les places fortes, Massada restait en leur pouvoir.

C'était une forteresse solide et isolée, loin de toutes ressources, dans un pays de rochers où une armée ne pouvait vivre, car l'eau, elle-même, y manquait.

Bâtie sur un roc inaccessible, au vaste plateau, elle était environnée de profondes vallées hérissées de rochers que les animaux eux-mêmes ne pouvaient franchir, excepté par deux

sentiers ardus, l'un du côté de l'Orient et de la mer Morte,
l'autre du côté de l'Occident.

Ces sentiers étaient si tortueux que les gens du pays les
appelaient « les couleuvres » à cause du labyrinthe de leurs
détours et des accidents incessants de leur sol.

Bâtie par le grand sacrificateur Jonathas, cette place
avait été fortifiée avec soin par Hérode-le-Grand, qui n'y
avait épargné aucune dépense, la dotant de murailles fortes
de trente-sept tours aux logements spacieux et réservant,
dans son enceinte, des champs étendus et fertiles pour la
culture, en cas de siège.

Pleine de monuments et de palais magnifiques, l'art le
plus consommé s'était efforcé d'y utiliser toutes les ressources
de la nature, tant pour l'ornementation de la ville que pour
la force de sa résistance.

Hérode n'avait pas borné là ses soins, il y avait accumulé une énorme quantité de munitions de guerre et de
vivres, du blé plein les greniers, du vin et de l'huile en
provisions telles, que cette place se trouvait approvisionnée
pour plusieurs années.

Ces provisions avaient été si bien faites, si sagement
rangées, qu'au bout de cinq ans, on trouva toutes ces
choses aussi saines et aussi entières que lorsqu'on les
y avait mises toutes fraîches, et les Romains devaient,
plus tard, en retrouver les restes dans le meilleur état de
conservation.

Dix mille hommes pouvaient aussi y trouver des armes,
et même s'en fabriquer au fur et à mesure de leurs besoins,
car la place contenait d'énormes quantités de fer, de cuivre
et de plomb non travaillés, et prêts à être employés.

C'était une des forteresses les plus redoutables de la
Judée ; Hérode l'avait particulièrement fortifiée parce qu'il
voulait s'y ménager une retraite sûre dans le cas où il serait
subitement atteint par l'un des deux périls qu'il avait le plus

Le vieux sacrificateur n'avait pu regarder les ruines de son antique autel
et les décombres de son Temple, sans être atteint de la foudre.
Il était mort!... (P. 141.)

sujet de craindre, soit que les Juifs se révoltassent contre lui pour le déposséder et remettre sur le trône la race des rois Asmonéens, soit que la reine d'Egypte, Cléopâtre obtint d'Antoine, de le faire assassiner, comme elle le désirait ardemment et le lui demandait sans cesse.

Tant que Massada restait debout, la guerre des Romains contre les Juifs ne pouvait être terminée ; les Romains ne l'ignoraient pas.

Aussi, Titus chargea-t-il Sylva, un de ses généraux, d'attaquer et de prendre cette place.

Le génie des Romains devait venir à bout de cette œuvre difficile, comme il avait triomphé de l'incroyable résistance de Jérusalem.

Sylva fit construire un mur qui enferma les assiégés dans Massada et fit combler de terre la vallée du côté de l'Occident par où on allait au palais et au château.

Sur cette terrasse, les Romains amenèrent leurs machines de siège et construisirent des tours d'où ils lançaient toutes sortes de projectiles contre les assiégés.

Ensuite, ils mirent leurs béliers en batterie et frappèrent les murs, sans relâche.

Mais leur solidité était telle qu'à peine purent-ils y faire une brèche légère, inutile, d'ailleurs, car les assiégés, s'apercevant de leurs efforts, construisirent un autre mur derrière celui que les Romains tentaient d'ébranler.

Leur génie imagina d'établir une double palissade qu'ils remplirent de terre, de sorte que les béliers de l'ennemi, en battant ce rempart élastique, loin de le détruire, le consolidaient en tassant la terre argileuse qui le composait.

Sylva comprit que le feu, seul, pourrait en avoir raison ; il y fit jeter par ses soldats une telle quantité de tisons enflammés que les interstices des charpentes faisant office de cheminées, aidèrent bientôt le feu à devenir ardent et à consumer tout.

Mais la bise s'étant mise à souffler avec violence, les flammes gagnèrent les machines des assiégeants qui se précipitèrent, en foule, pour les sauver.

Ils n'y fussent pas parvenus si le vent n'avait, tout à coup, complètement changé de direction, pour souffler du côté opposé.

Les Romains, joyeux, retournèrent dans leur camp en se proposant de donner assaut, le lendemain, à la place.

En attendant, ils doublèrent leurs sentinelles, afin d'empêcher les assiégés de tenter une évasion.

Mais la précaution était inutile, car Eléazar était loin de songer à s'enfuir et de permettre à qui que ce fut d'y penser.

La seule pensée qui lui vint, en voyant le feu dévorer le mur que les assiégés avaient construit, fut qu'aucune chance de salut ne leur restait plus et qu'il fallait se délivrer, eux, leurs femmes et leurs enfants, des maux que leur préparaient les Romains vainqueurs.

Il assembla les plus vaillants de ses compagnons et, lorsqu'ils furent réunis :

— Peuple généreux, leur dit-il, vous qui avez, depuis longtemps, juré de ne souffrir ni la domination des Romains, ni celle de personne, vous qui ne reconnaissez pour maître que Dieu seul, voici l'heure de montrer que vous êtes à la hauteur de ces grands sentiments !

« Que n'avons-nous pas souffert, jusqu'aujourd'hui, pour essayer de nous affranchir de la servitude?

» Gardons-nous de nous déshonorer, maintenant, en courant au devant du cruel esclavage qui nous attend, si nous tombons entre les mains des Romains.

» Souvenons-nous que nous sommes les premiers qui avons secoué le joug, soyons les derniers à résister!

» Compagnons, braves héros de la liberté, nous sommes encore libres, sachons user de notre liberté.

» Dieu nous accable de maux inouïs; contre sa colère déchaînée, tous nos efforts sont impuissants et stériles!

» Nous sommes affolés par d'extravagantes espérances; nos calamités sont plus extraordinaires encore.

» A quoi nous servent nos murs et nos tours, nos munitions et nos armes?

» Le feu, lui-même, que le vent poussait sur nos ennemis, s'est retourné contre nous!

» Dieu nous punit de nos crimes qui ont lassé sa bonté et sa patience.

» Eh bien! comblons, nous-même, la mesure de sa justice et satisfaisons à toute sa colère en nous donnant volontairement une mort qui nous attend et que nous ferons glorieuse, tandis qu'elle serait ignominieuse, si nous la recevions des Romains!

» Faisons mieux encore!

» Otons aux Romains la satisfaction du pillage et ajoutons à leur colère de nous trouver tous morts, la rage de ne plus trouver autour de nous que des ruines!

» Mais, afin que notre mémoire ne soit pas avilie, montrons-nous généreux jusque dans la mort, brûlons le château, engloutissons dans les ruines de l'incendie tout ce qu'il contient de choses précieuses, mais, laissons-leur les vivres, afin qu'ils comprennent que ce n'a pas été par nécessité, mais par noblesse de caractère, que nous sommes restés inébranlables et que nous avons préféré la mort à l'esclavage. »

Eléazar se tut.

Un grand murmure succéda à son discours, fait de l'expression de sentiments différents.

Les uns s'en montrèrent si touchés qu'ils voulaient, incontinent, finir leurs jours, par une mort qu'ils regardaient comme glorieuse.

D'autres pleuraient en serrant dans leurs bras leurs

femmes et leurs enfants, et témoignaient ouvertement leur douleur de se voir réduits là une aussi cruelle nécessité.

Eléazar, témoin de leur désespoir, craignit qu'il ne devint contagieux et que les plus vaillants fussent entraînés par cet exemple de faiblesse.

Il regarda fixement ceux qui pleuraient et leur dit sévèrement :

— Je me suis donc trompé, en vous prenant pour des héros de la liberté?

« Voici que vous êtes, au contraire, des lâches !

» Autrement, serait-il donc besoin de vous exhorter et ne prendriez-vous pas, de vous-mêmes, cette héroïque résolution?

» Vous qui aimez à vous endormir, après une journée de dur et pesant labeur, comment donc pouvez-vous appréhender la mort qui est le sommeil de la vie?

» Comment pouvez-vous vous attacher aussi invinciblement à cette motte de terre, quand des ailes vous attendent dans les champs infinis de l'espace?

» Vous aimez la vie!

» Insensés!...

» Mais, voyez comme les sages de toutes les nations la méprisent et la dédaignent! Comme ils ne la souffrent qu'à regret parce qu'ils la considèrent, avec chagrin, comme un pesant fardeau dont ils sont impatients de se décharger.

» Malheureux! éviterez-vous la mort que Dieu, lui-même, vous a réservée en punition de nos crimes?

» Ah! nos vainqueurs sont puissants, mais leur force ne serait rien s'ils ne la tenaient pas de Dieu. Car c'est Dieu qui leur a donné sur nous les avantages qui les font paraître victorieux! »

— C'est vrai! dit une voix dans la foule, nul ne peut te contredire, Eléazar.

— Ah! vous préféreriez être esclaves des Romains, s'écria

Eléazar, savez-vous ce que les Romains vous réservent?
L'ignorez-vous, plutôt?

« Instruisez-vous par l'exemple de nos infortunés compatriotes qui souffrent mille tortures entre leurs mains.

» Certes, il n'en est pas, parmi eux, qui n'eussent préféré la mort!

» Les uns expirent sous les coups; d'autres dans le feu;
d'autres sont à demi mangés par les bêtes féroces et réservés
pour servir, une autre fois, de pature à ces cruels animaux.
La plupart, plus malheureux encore, ne peuvent trouver la
mort qu'ils souhaitent ardemment et appellent à toute heure.

» Qu'est devenue cette puissante et superbe Jérusalem
que tant de murs, tant de tours, tant de forteresses semblaient rendre imprenable, ville fournie de tant de vivres et
pleine de tant de défenseurs, siège du Tabernacle auguste où
Dieu même daignait habiter?

» N'a-t-elle pas été détruite jusque dans ses fondements?
Il n'en reste que des ruines sur lesquelles ont campé ceux qui
l'ont emportée de force!

» Sur Sion en cendres pleurent d'infortunés vieillards,
les seuls dont la mort n'ait pas voulu et quelques femmes
pour lesquelles le trépas eut été préférable mille fois à tant
d'outrages.

» O Juifs, quand je considère de si horribles misères, je
ne comprends pas que l'on puisse encore se plaire à voir la
lumière du soleil, quand même on serait assuré de pouvoir
la regarder en paix, car je ne sais pas de plus grand mal que
le malheur de n'avoir plus de patrie, ni de Temple, ni de foyer.

» L'espérance, seule, de pouvoir nous venger, nous a
soutenus jusqu'ici. Cet espoir est désormais évanoui pour
toujours.

» Courons donc au-devant de la mort, puisque nous pouvons encore nous la donner ainsi qu'à nos femmes et à nos
enfants, dernière grâce que nous puissions leur faire.

» Nous sommes nés pour mourir, c'est le sort commun et nous ne pouvons l'éviter. Mais la nature ne nous oblige pas à souffrir les outrages de l'esclavage et à voir, par notre lâcheté, ravir l'honneur à nos femmes et la liberté à nos enfants, quand nous pouvons les en préserver pour toujours.

» Il n'est pas de force ni de vigueur qui puisse nous sauver; verrons-nous d'un œil sec nos femmes et nos enfants enchaînés implorer en vain notre secours?

» Affranchissons-nous donc, avec nos épées, pendant que nous le pouvons! Mourons avec ceux qui nous sont chers, plutôt que de vivre esclaves!

» Ceux que nous aimons nous en conjurent.

» Les Romains en ressentiront la plus grande colère, mais ils admireront notre courage et nous appelleront des héros! »

Eléazar eut parlé encore longtemps, mais il s'aperçut que sa cause était gagnée.

— Mourons! s'écrièrent tous ses auditeurs, Eléazar a raison, mourons tous, comme il le dit, pour nous couvrir d'une gloire immortelle!

Tous les Juifs, transportés de délire, acclamèrent leur chef et se montrèrent impatients d'en venir à l'exécution prompte de ses ordres, n'ayant plus, maintenant, qu'une seule crainte, c'est que l'un d'eux ne survécût aux autres.

Ils se jetèrent dans les bras de leurs femmes et de leurs enfants, les embrassant tendrement et leur faisant les plus touchants adieux, en les assurant, qu'en leur ôtant ainsi la vie, ils leur donnaient la plus grande preuve de leur affection et de leur dévouement.

Pas un seul ne montra la moindre faiblesse et ils tuèrent, tous, leurs femmes et leurs enfants, considérant cet horrible carnage comme le moindre de tous leurs maux.

A peine eurent-ils terminé cet affreux massacre, qu'ils

rassemblèrent tout ce qu'ils possédaient de précieux et y mirent le feu.

Pendant que l'incendie dévorait leurs biens, ils tirèrent au sort pour choisir dix d'entre eux qui seraient chargés de tuer les autres.

Alors, chacun se rangea auprès des cadavres des siens et, en les tenant embrassés étroitement, tous tendirent la gorge à leurs exécuteurs.

Sans témoigner la moindre horreur, ceux-ci s'acquittèrent de leur horrible mission et tirèrent encore au sort afin que celui sur qui il tomberait tuât les neuf derniers.

Enfin, le dernier survivant s'enquit de tous côtés si personne n'avait plus besoin de son assistance.

Il reconnut que tous étaient morts. Alors, il mit le feu dans le palais et, s'étant, lui-même, placé près des cadavres de ses proches, il se perça de son épée, couronnant par son suicide, cette épouvantable tragédie.

. . . .

Neuf cents personnes périrent ainsi.

. . . .

Le lendemain, à la pointe du jour, les Romains firent des ponts avec des échelles, pour aller à l'assaut de la ville.

Un morne silence planait sur ce théâtre d'horreur, interrompu seulement par les sinistres crépitements de l'incendie.

A leur grand étonnement, pas un soldat ne paraissait sur les murailles et l'on se fut cru dans une ville abandonnée de ses habitants.

La première pensée qui leur vint fut que les assiégés étaient cachés et allaient, soudain, surgir inopinément pour les repousser et les combattre.

Alors, ils poussèrent de grands cris et firent jouer les béliers contre les murs.

Mais personne ne paraissait.

Cependant, deux femmes sortirent des aqueducs et

s'avancèrent vers eux accompagnées de cinq jeunes enfants.

— Qui êtes-vous, leur cria Sylva, avec étonnement, et d'où vient qu'il n'y a personne aux murailles, pour combattre?

— Seigneur, répondit la plus vieille des deux femmes, nous sommes Juives et les seules survivantes d'un affreux massacre auquel nous n'avons échappé qu'en nous cachant sous terre.

Et elles lui racontèrent tout ce qui s'était passé la veille.

A ce récit extraordinaire, Sylva ne voulut point ajouter foi, tant il lui paraissait incroyable.

Enfin, il fallut bien se rendre à l'évidence.

Les Romains, alors, travaillèrent à éteindre le feu et arrivèrent jusqu'au palais.

En voyant cette grande quantité de morts ils furent touchés d'admiration pour un si grand courage, et, quoiqu'ennemis, ne se réjouirent pas de cet horrible carnage, mais témoignèrent leur étonnement d'une aussi héroïque résolution.

La place était prise presque sans combat.

Sylva laissa une garnison dans Massada et, comme il ne restait plus d'ennemis dans tout le pays, il se retira à Césarée.

Les Juifs qui demeuraient dans la Judée, ne furent pas, cependant, les seuls accablés par sa ruine.

Ceux-là même qui étaient disséminés dans les provinces éloignées, en ressentirent également les effets, et ceux d'Alexandrie, en Egypte, furent en grand nombre massacrés.

Les sicaires, ce redoutable parti qui avait tant opprimé Jérusalem, s'étaient, en grande partie, enfuis dans ce pays et y avaient porté le même esprit de révolte, pour se maintenir en liberté.

— Dieu est notre seul maître, disaient-ils, et les Romains ne sont pas plus vaillants que nous!

Parmi les plus considérables d'entre les Juifs, beaucoup refusèrent de les écouter et de partager leurs sentiments.

Ils les massacrèrent.

Quant aux autres, ils travaillèrent à les soulever contre les Romains.

Mais une cruelle expérience les avait rendus sages et ceux-ci comprirent toute la folie d'une semblable résistance.

Ils assemblèrent donc les autres Juifs et tinrent conseil, afin de savoir ce qu'ils devaient faire.

— Considérons, dit un orateur, combien grande est la folie de ces factieux et quelle est leur fureur. Ils sont la cause de tous nos maux et, tant qu'ils seront parmi nous, nos maux ne se termineront pas.

« C'est en vain que nous essayerions de les chasser loin d'ici, nous ne serons jamais en sûreté tant qu'ils pourront revenir près de nous. S'ils ne nous oppriment pas, ce sont les Romains qui, justement irrités, dès qu'ils seront instruits de leurs mauvais desseins, se vengeront sur nous tous et feront périr les innocents avec les coupables. »

— Livrons-les aux Romains, dit une voix, c'est le meilleur moyen de nous délivrer d'eux, et les Romains les puniront comme ils l'ont mérité.

Cet avis fut accepté à l'unanimité, car la grandeur du péril détermina l'assemblée à se rendre à ce conseil.

Les Juifs se jetèrent donc, à l'improviste, sur les sicaires et en prirent six cents.

Les autres s'enfuirent à Thèbes et dans d'autres endroits de l'Egypte où ils furent pris et ramenés de là à Alexandrie.

Tel était leur fanatisme que, jusqu'au milieu des plus horribles tourments, il fut impossible d'obtenir d'eux une parole de respect pour l'Empereur ; les plus jeunes enfants, eux-mêmes, s'y refusaient obstinément avec une constance dont leur âge ne paraissait pas capable.

Vespasien, informé de ces faits par le gouverneur d'Alexandrie, ordonna de ruiner le Temple que les Juifs avaient dans la ville d'Onion, afin de leur enlever jusqu'au dernier espoir de reconquérir une indépendance à jamais perdue pour eux.

La ville d'Onion était ainsi nommée, du Juif Onias, son fondateur, qui avait supplié Ptolémée de lui permettre de construire un Temple où les Juifs pourraient observer les rites et célébrer les fêtes de leur religion.

Différent du Temple de Jérusalem, le Temple d'Onion bâti avec de très gros blocs de pierre, s'en rapprochait par une tour semblable et un autel analogue.

Les ornements en étaient pareils, sauf quelques particularités.

Le candélabre d'or y était remplacé par une lampe suspendue à la voûte par une chaîne et donnant une clarté pareille à celle de l'étoile du matin.

Les portiques et les portes de ce Temple étaient de pierre et les murs en briques.

Onion avait obtenu de la libéralité de Ptolémée, une grande quantité de terres et des revenus en argent, afin que les sacrificateurs pussent faire les dépenses nécessaires au service divin.

Cependant, Onias ne s'engagea point dans cette entreprise par dévouement pour l'aristocratie juive qui demeurait dans Jérusalem, contre laquelle, au contraire, il était irrité, à cause même de sa fuite hors de Sion.

Son dessein, plutôt, était de déterminer un schisme et de porter le peuple à la défection.

Le prophète Isaïe, d'ailleurs, avait prédit, six siècles auparavant, qu'un Temple serait bâti par un Juif, en Egypte et qu'il serait détruit.

Le gouverneur d'Alexandrie, Lupus, par ordre de l'Empereur, se fit ouvrir le Temple, prit les ornements précieux qui y étaient déposés et en ordonna la fermeture.

Son successeur obligea les sacrificateurs à lui donner le reste des trésors du Temple, avec menace des plus grands supplices en cas de refus. Ils les lui livrèrent et il fit fermer le Temple sans permettre que personne y entrât, désormais, pour y adorer Dieu, abolissant ainsi jusqu'aux moindres vestiges du culte divin.

Il y avait, alors, trois cent quarante-trois ans que ce Temple avait été bâti.

D'autres sicaires s'étaient retirés, encore, dans les environs de Cyréné et y propageaient la contagion de leur révolte.

Ils y avaient trouvé un prophète.

Un nommé Jonathas, tisserand de son métier, leur avait persuadé de le nommer leur chef.

Il les avait, alors, menés au désert, en leur promettant de leur montrer des prodiges, comme signe et témoignage de sa mission.

Mais le gouverneur de la Lybie Pentapolitaine envoya contre eux de la cavalerie et de l'infanterie, afin de les détruire.

Cette troupe n'eut pas de peine, du reste, à les réduire, car ils n'étaient pas armés.

La plupart d'entre eux se firent justice, en se donnant la mort à eux-mêmes.

Le reste fut ramené prisonnier et vendu comme esclaves.

Vespasien voulut juger, lui-même, l'affaire, dans la personne de Jonathas qui fut amené à Rome chargé de fers.

L'Empereur le fit battre de verges et brûler vif, afin de donner un exemple redoutable.

Enfin, Vespasien voulant, à jamais, rayer du livre du monde le nom des Juifs, ordonna à Libérius Maximus, son intendant, de lui vendre toutes les terres de la Judée, les réservant pour son domaine, sans y bâtir de ville.

Il ne respecta, de ces cités, qu'Emmaüs à trente stades de Jérusalem, le même bourg où le jour de la résurrection du divin Sauveur, les deux Apôtres rencontrèrent Jésus qui les accompagna, s'entretint avec eux, et, à table, se fit reconnaître à la fraction du pain.

En outre, Vespasien ordonna que les Juifs, en quelque lieu qu'ils se trouvassent de son immense empire, paieraient chacun annuellement au Capitole, un impôt de deux drachmes, remplaçant la dîme au Temple de Jérusalem.

Tel était l'état lamentable dans lequel ces cruels événements avaient plongé ce misérable et infortuné peuple.

CONCLUSION.

Ainsi, s'accomplit de point en point la prophétie de Jésus-Christ sur la ville déicide.

Ainsi, fut humiliée et ruinée, le huit septembre, en la deuxième année du règne de Vespasien, cette cité de Sion, l'illustre Jérusalem, l'antique Solyme que son fondateur, prince des Chananéens, surnommé « le juste, » à cause de sa piété, consacra, le premier, à Dieu, en lui donnant le nom immortel que se redisent les âges et les siècles, et en y bâtissant un Temple à l'ETERNEL.

Ville aux vicissitudes innombrables, cinq fois, déjà, dans le cours des temps, elle avait été prise et ses vainqueurs se nommaient Azocheus roi d'Egypte, Antiochus Epiphane roi de Syrie, Pompée, Hérode et Sosius. Nabuchodonosor y avait accumulé des ruines, quatorze cent soixante-huit ans et six mois après sa fondation ; respectée par ses autres conquérants, la désolation devait, de nouveau, fondre sur elle, déchaînée par les Romains, onze cent soixante-dix-neuf ans après le règne du roi David qui en avait chassé les Chananéens, pour y établir son peuple.

Quand le pied vainqueur de Titus se posa sur son front, pour briser sa couronne de splendeur, d'antiquité, de richesse, de sainteté et de gloire, elle comptait, depuis sa fondation, deux mille cent soixante-dix-sept ans.

Ainsi s'évanouit, submergé dans le sang, défiguré par

l'incendie, remué jusqu'en ses plus profondes entrailles, pour toujours et sans espoir, ce Temple magnifique, véritable merveille du monde, sanctuaire ineffable et terrible, où la majesté de JÉHOVAH-ELOHIM avait reposé son Mystère, dans le bruissement des ailes des chérubins.

Et ce fut le même jour du même mois que, jadis, Nabuchodonosor, roi de Babylone, y avait, lui-même, porté la dévastation et l'incendie.

Onze cent trente-sept ans sept mois et quinze jours s'étaient écoulés depuis que le roi Salomon l'avait construit et six cent trente-neuf ans et quarante-cinq jours depuis que le prophète Aggée l'avait fait rebâtir, en la deuxième année du règne de Cyrus, sous le règne du prince Zorobabel.

. . . .

Et la foudre tombée sur la ville coupable, n'est point remontée aux cieux, car, depuis deux mille ans, les bouleversements et les angoisses n'ont pas cessé de déchirer son sol à jamais marqué du sceau vengeur des espoirs infructueux et des incessantes tribulations.

TABLE DES MATIÈRES.

PREMIÈRE PARTIE.

L'APPROCHE DE L'ORAGE.

I. — Le coucher du soleil 7

II. — Le chemin de l'abîme 13

III. — La voix des présages 21

IV. — La vengeance en marche. 27

V. — La division, œuvre de Satan 38

VI. — La prière du Lévite 51

DEUXIÈME PARTIE.

LA TEMPÊTE.

I. — Le trône de César et la chaire de Pierre 57

II. — L'anxiété de Schémouel-ben-Joakim 63

III. — Pied à pied 68

IV. — Le second mur 74

V. — L'agonie d'Israël 85

VI. — Aux portes du Temple 91

VII. — Dernier et vain appel 97

VIII. — Corps à corps 104

IX. — L'horrible festin 112

X. — Ruine sur ruine 115

XI. — Pierre sur pierre 121

TROISIÈME PARTIE.

LE LENDEMAIN DU SEIGNEUR.

I. — Le père et le fils 139

II. — Le chemin de Rome 142

III. — La veille du triomphe 147

IV. — La route du Capitole 152

V. — Les pieds maudits 156

Conclusion 174